高等教育自学考试系列辅导丛书

丛书组编　四川英华教育文化传播有限公司
Sichuan Yinghua Education & Culture Communication Co.,Ltd
编写依据《管理学原理(中级)》（白瑷峥主编 中国人民大学出版社 2023年版）

U0498124

高等教育自学考试[管理学原理（中级）]辅导资料

（经济管理类专业）

管理学原理（中级）模拟试题集

主编　梁勤　张静

课程代码
13683

西南财经大学出版社
Southwestern University of Finance & Economics Press

中国·成都

图书在版编目(CIP)数据

管理学原理(中级)模拟试题集/梁勤,张静主编.--成都:
西南财经大学出版社,2024.8.--ISBN 978-7-5504-6293-9

Ⅰ.C93-44

中国国家版本馆 CIP 数据核字第 20242P6E58 号

管理学原理(中级)模拟试题集

GUANLIXUE YUANLI(ZHONGJI)MONI SHITIJI

梁勤　张静　主编

责任编辑:冯　雪
责任校对:金欣蕾
封面设计:张姗姗
责任印制:朱曼丽

出版发行	西南财经大学出版社(四川省成都市光华村街 55 号)
网　址	http://cbs.swufe.edu.cn
电子邮件	bookcj@swufe.edu.cn
邮政编码	610074
电　话	028-87353785
照　排	四川胜翔数码印务设计有限公司
印　刷	郫县犀浦印刷厂
成品尺寸	185 mm×260 mm
印　张	11.375
字　数	189 千字
版　次	2024 年 8 月第 1 版
印　次	2024 年 8 月第 1 次印刷
印　数	1— 4500 册
书　号	ISBN 978-7-5504-6293-9
定　价	39.80 元

丛书前言

依靠自己的力量，在有限的时间里学习一门新学科，从不懂到懂，从不会到会，从不理解到理解，从容易遗忘到记忆深刻，从不会应用到熟练应用，从模仿到创新，把书本知识内化为自己的知识，是一个艰难的过程。在这个过程中，自学者不仅需要认真钻研考试大纲，刻苦学习教材和辅导书，还应该做适量的练习，把学和练有机地结合起来，否则，就不能达到预定的学习目标。"纸上得来终觉浅，绝知此事要躬行。"这是每一位自学者都应遵循的信条。

编写模拟试题，同样是件不容易的事。它对编写者提出了相当高的要求：

• 有较深的学术造诣；

• 有较丰富的教学经验；

• 对高等教育自学考试有深刻的理解并有一定辅导自学者的经历；

• 对考试大纲、教材、辅导书有深入的了解，对文中的重点、难点、相互关系等有准确的理解；

• 对自学者的学习需要和已有的知识基础有一定的了解。

只有这些要求都满足的编写者才能编写出高质量的，有利于自学者举一反三、事半功倍的练习题。

基于学习目标的考虑，我们把模拟试题大致分为四个部分：

第一，单项练习，即针对一个知识点而设计的练习题。其目的在于帮助自学者理解和记忆基本概念和理论。

第二，创造性练习，即通过提供多样化的案例、事实、材料，鼓励考生运用所学的理论、观点、方法，创造性地解决问题。这类问题可能没有统一的答案，只有一些参考性的解题思路。其目的很明确，就是培养自学者的创新意识和能力。

第三，综合自测练习，即在整个学科范围内设计练习题，充分参考考试大纲中的题型，编纂成类似考卷的练习题。其目的在于使自学者能够全面、及时地检测自身学习状况，帮助自学者做好迎接统一考试的知识储备及心理准备。

第四，历届试题练习，旨在帮助自学者能按正规考试要求进行学习效果的测试。

　　子曰："学而时习之，不亦说乎。"本书可以让自学者边学边练，有规律地进行复习，这不仅可以提高学习效率，也能给艰难的学习过程带来一些快乐。圣人能够体会到这一点，而今，我们每一位自学者也同样能体会到。如果通过这样的学习过程，实现学习目标、实现人生的理想、实现对自我的不断超越，那么，我们说这种学习乐趣无穷，实为恰如其分，毫不夸张。

　　高等教育自学考试系列辅导丛书的编写和出版，旨在适应新时期高等教育自学考试事业发展和教学手段变革的需要，彰显高等教育自学考试现代教育理念，在继承中创新、在发展中提高，打造符合高等教育自学考试教学规律的经典试题集。这是一项艰巨而复杂的"培根铸魂"式的文化系统工程，它要求编者投入大量的时间与精力。组织并编写高等教育自学考试系列辅导丛书，是深化辅导丛书育人功能、助力高等教育自学考试高质量发展的有益的探索和实践。

　　先进思想引领伟大事业。面对国家发展、民族复兴的迫切需求，面对时代改革、未来发展带来的巨大挑战，面对知识获取、传授方式的革命性变化，我们理应挺膺担当，以奋发有为的姿态，满怀信心地肩负教育事业赋予文化企业的使命。我们理应砥砺前行，为实现科教兴国的伟大中国梦，造就堪当民族复兴大任的"腹有诗书气自华"的时代新人而不懈努力。我们坚信，只要怀有对文化教育事业的诚挚热爱，心系考生，情牵教育，牢记使命，那么，胜利与成功必将属于付出努力的人。我们定能携手并进，共同书写以教育强国建设为支撑，引领中国式现代化的新篇章。

四川英华教育文化传播有限公司自考命题研究组

2024 年 5 月于成都

编写说明

　　《管理学原理（中级）模拟试题集》系全国高等教育自学考试经济管理类各专业必修课程"管理学原理（中级）"的配套参考用书。"管理学原理（中级）"是为培养自学考生掌握和运用管理学的基本理论分析、解决现实管理问题而设置的一门专业基础课，为各管理类的分支学科提供基本的理论和方法指导。"管理学原理（中级）"课程是经济管理类各专业考生学习管理学其他专业课程的基础，有助于考生了解管理、管理者、管理过程、管理目标、管理原则和方法等一系列重要范畴和概念，理解管理活动的本质特性，掌握管理活动的基本规律、基础知识和一般方法，为考生进一步学习管理类专业的其他课程打下良好的基础，并为日后从事实际管理工作奠定基础。

　　该课程自开考以来一直缺少供考生练习使用的复习资料，考生在复习迎考时经常觉得无从下手。为了满足广大考生复习备考之要求，我们根据长期从事高等教育自学考试教学和管理的经验，精心编写了这本书。

　　在编写时，我们依据全国高等教育自学考试指导委员会发布的《管理学原理（中级）自学考试大纲》和中国人民大学出版社出版的《管理学原理（中级）》（白瑷峥主编　2023年版），并结合快速发展的管理科学理论，不断出台的新的法律、法规，不断涌现的科技成果，不断变革的科技革命与管理理论，以模拟试题形式组织编写了本书。编写时，力求做到重点突出，内容全面，有针对性，又有较强的实际效果。题型包括单项选择题、多项选择题、辨析题、简答题、案例分析题等常规考试题型。本书配有较为完整的参考答案，以供考生练习使用。

　　模拟试题有其局限性，希望考生在认真研读教材、大纲的基础上去练习，不可本末倒置，置教材、大纲于不顾，而一味地做题、猜题、押题，相信考生能理解我们编写本书的良苦用心。"书山有路勤为径，学海无涯苦作舟。"辅导书固然好，但也只是一个辅助手段，在通往成功之路上，更多的是需要自学者的勤奋和努力。

"梅花香自苦寒来。"考生在学习管理学原理（中级）课程的过程中，只有掌握恰当的学习方法，熟读所学内容，多做练习，理论联系实际，才能学好这门课程，取得优异的成绩，实现梦想。

知识随时在更新，我们会根据新形势、新情况，应广大考生要求，编写出更多、更新、更符合自考规律、更适合自考的辅导书。

在编写本书时，我们吸收了国内同行的许多经验和优秀教学成果，并得到西南科技大学、四川旅游学院、四川大学、四川农业大学、成都信息工程大学、成都艺术职业大学以及新疆师范高等专科学校、四川科技职业学院、成都航空职业技术学院、四川交通职业技术学院和西南财经大学出版社的大力支持，在此一并表示感谢。同时，对所有参与编写工作的老师的辛勤付出和无私奉献表示感谢。

本书由于编写时间仓促和经验不足，书中不足之处在所难免，希望考生和助学教师在使用过程中提出批评意见，我们将会在再版时，进行更新与弥补。

四川英华教育文化传播有限公司自考命题研究组

2024 年 5 月于成都

目 录

全国高等教育自学考试
管理学原理(中级)模拟试卷(一)

（课程代码　13683）

第Ⅰ部分　选择题（25分）

一、单项选择题（本大题共15小题，每小题1分，共15分。在每小题列出的四个备选项中只有一个是符合题目要求的，请将其代码填写在题后的括号内。错选、多选或未选均无分。）

1. 期望理论的创立者是（　　）。

    A. 弗鲁姆　　　　　　　　　B. 德鲁克

    C. 彼得·圣吉　　　　　　　D. 戴明

2. 按照等级原则和指挥链，由上级对下级逐级发布命令和进行指挥的权力是指（　　）。

    A. 直线职权　　　　　　　　B. 参谋职权

    C. 职能职权　　　　　　　　D. 专长职权

3. 5W1H 中的 H 是指（　　）。

    A. 在哪里工作　　　　　　　B. 对谁负责

    C. 怎样完成工作　　　　　　D. 为什么做这项工作

4. 下列行为中，不属于企业承担社会责任表现的是（　　）。

    A. 治理环境污染　　　　　　B. 救济贫困

    C. 为顾客提供售后服务　　　D. 开发新产品

5. 不仅包括那些引起革命性变化的发明，还包括与企业生产有关的新技术、新工艺、新材料的出现和发展趋势以及应用前景的是（　　　）。

    A. 经济因素   B. 社会因素

    C. 技术因素   D. 政治因素

6. 下列属于程序化决策的是（　　　）。

    A. 某公司制定新产品价格   B. 某项目部确定项目融资计划

    C. 理发店处理工资发放问题   D. 某销售部门制订销售计划

7. 德尔菲法中发表意见的方式是（　　　）。

    A. 电子会议   B. 匿名发表

    C. 公开讨论   D. 分组讨论

8. 从组织的最高主管到组织的基层管理者，都要按照组织总目标的要求，计划自己的活动及要达到的目标，这体现了计划的（　　　）。

    A. 开放性   B. 效率性

    C. 创造性   D. 普遍性

9. 在其他因素不变的情况下，仅仅改变某些因素，就可以影响组织目标的实现程度，这些因素是指（　　　）。

    A. 相关因素   B. 限定因素

    C. 计划因素   D. 预算因素

10. 某企业集团决定裁掉盈利水平在平均线以下的业务类型，将财力集中于主营业务的战略调整属于（　　　）。

    A. 后向一体化战略   B. 集中战略

    C. 多元化战略   D. 前向一体化战略

11. 医院某科室的护士长属于（　　　）。

    A. 基层管理者   B. 中层管理者

    C. 高层管理者   D. 临时管理者

12. 某商品批发公司在组织内划分为生产部、财务会计部、市场销售部、人力资源管理部、采购部等部门，这种划分依据的标准是（　　　）。

    A. 区域   B. 职能

    C. 产品   D. 流程

13. "胡萝卜加大棒"的管理方法运用的假设是（　　　）。

    A. 社会人假设   B. 经济人假设

    C. 复杂人假设   D. 自我实现人假设

14. 根据赫茨伯格的双因素理论，工作成就、提升、奖金、责任感等因素属于（　　）。

    A. 保健因素　　　　　　　　　　B. 激励因素

    C. 社交因素　　　　　　　　　　D. 安全因素

15. 管理的核心是以人为本，这是因为（　　）。

    A. 人是最重要的资源　　　　　　B. 管理工作的有效性追求效率和效果

    C. 管理层次太多　　　　　　　　D. 管理层次太少

二、多项选择题（本大题共 5 小题，每小题 2 分，共 10 分。在每小题列出的五个备选项中至少有两个是符合题目要求的，请将其代码填写在题后的括号内。错选、多选、少选或未选均无分。）

16. 研究有关领导问题的理论有（　　）。

    A. 领导特质理论　　　　　　　　B. 强化理论

    C. 领导方式理论　　　　　　　　D. 领导权变理论

    E. 需求层次理论

17. 事业部制的优点包括（　　）。

    A. 公司总部领导可以从烦琐的日常事务中解脱出来，着力策划公司长期发展战略

    B. 每个事业部具有独立的利益，是一个分权单位，有利于调动其积极性

    C. 有利于培养综合型高级管理人才

    D. 专业化管理和集中统一领导的有机结合

    E. 适用于不稳定、不确定的环境

18. 组织设计应遵循的原则有（　　）。

    A. 目标统一　　　　　　　　　　B. 专业化分工

    C. 统一指挥　　　　　　　　　　D. 权责对等

    E. 有效管理幅度

19. 甄选的程序应包括（　　）。

    A. 面试　　　　　　　　　　　　B. 体检

    C. 笔试　　　　　　　　　　　　D. 初选

    E. 测试

20. 分权可能带来的局限性包括（　　　）。

    A. 使实行一项统一的政策更加困难

    B. 可能导致上层管理人员的权力部分失控

    C. 增加了分权组织单位之间协调的复杂性

    D. 容易导致各部门的本位主义倾向

    E. 限制了下属人员的积极性

第Ⅱ部分　非选择题（75分）

三、辨析题（本大题共5小题，每小题4分，共20分。判断正误，并说明理由。）

21. 定性决策被称为决策的"硬"技术。　　　　　　　　　　（　　　）

22. 管理的实质是领导。　　　　　　　　　　　　　　　（　　　）

23. 人员配备的主要任务是通过分析人与事的特点，谋求人与事的最佳组合，将合适的人放在合适的岗位上，实现人与事的不断发展。　　　　（　　　）

24. 知人善任、选才用人是领导者的基本职能，也是实现决策目标的根本保证。

（　　）

25. 沟通是组织得以生存、运行和发展的必要条件。　　　　　　（　　）

四、简答题（本大题共 5 小题，每小题 5 分，共 25 分。）

26. 简述全通道式沟通的特点。

27. 在对正式沟通的五种形态进行比较时，常用的评价标准有哪些？

28. 简述授权的要求。

29. 简述预算的分类。

30. 简述有效控制的及时性原则。

五、案例分析题（本大题共 2 小题，每小题 15 分，共 30 分。）

31. 美国空军所采用的考评制度是美国许多公共事务机构绩效评价的典型代表。这套考评制度要求，每位官衔在将军以下的军官的直接上级，每年为各位军官作出一次书面报告。评估报告的格式设计是统一的，适用于不同的军种和级别。评估表格留出的空白处较小，评估人员只能用精练的语言总结各个军官的业绩。20 世纪 70 年代中期，这套评估制度受到了广泛的批评，原因是它对员工的工作指派缺乏专业化的定义，导致了评估的主观性和不合理性，如对参谋人员领导才能进行评估时，这种方法的作用就不大。

对于上述问题，相关人员对评估制度进行了修改，新的评估制度在每个单位内部，都对业绩高低的评价比例进行了硬性规定，而且对评估程序也做了修改，每位军官都要接受其直接上级及一位附加评估人和一位审核人的共同评估。

问题：

（1）运用管理行政方法分析本案例提到的第一种考评制度存在的问题。

（2）请为他们提出较好的评估方法。

32. 资料：

美国老板：完成这份报告要花费多少时间？

希腊员工：我现在还不知道完成这份报告需要多少时间。

美国老板：你是最有资格提出时间期限的人。

希腊员工：那就 10 天吧。

美国老板：你同意在 15 天内完成这份报告吗？

希腊员工：没有作声。（以为是命令）

15 天过后。

美国老板：你的报告呢？

希腊员工：明天完成。（实际工作时才发现这份报告需要 30 天才能完成）

美国老板：你可是答应了今天完成报告的。

第二天，希腊员工递交了辞职书。

问题：请从沟通的角度分析美国老板和希腊员工的对话，说明希腊员工辞职的原因并提出建议。

全国高等教育自学考试
管理学原理(中级)模拟试卷(一)
参考答案

(课程代码　13683)

一、单项选择题（本大题共 15 小题，每小题 1 分，共 15 分。）

1. A　　　2. A　　　3. C　　　4. D　　　5. C　　　6. C　　　7. B　　　8. D

9. B　　　10. B　　　11. A　　　12. B　　　13. B　　　14. B　　　15. A

二、多项选择题（本大题共 5 小题，每小题 2 分，共 10 分。）

16. ACD　　　17. ABCD　　　18. ABCDE　　　19. ABCDE　　　20 ABCD

三、辨析题（本大题共 5 小题，每小题 4 分，共 20 分。）

21. 判断：错误。

理由：定性决策方法更多地依靠决策者的直觉、经验和主观判断，定性决策被称为决策的软技术。

22. 判断：错误。

理由：管理的实质是协调。因为管理要解决资源的有效性和组织目标的矛盾，就需要进行各种关系之间的协调。

23. 判断：正确。

24. 判断：正确。

25. 判断：正确。

四、简答题（本大题共 5 小题，每小题 5 分，共 25 分。）

26. 答：全通道式沟通是一个全方位开放式的网络系统，沟通渠道多且高度分散，组织内的每一个成员都能同其他任何人进行直接交流，没有限制。所有成员是平等的，人们能够比较自由地发表意见。

全通道式沟通的优点：由于沟通通道多，组织成员的平均满意程度高且差异小，所以士气高昂，合作气氛浓厚；比环式沟通的沟通渠道开阔，弥补了环式难于迅速集中各方面信息的缺陷。

全通道式沟通的缺点：沟通渠道太多，易造成混乱；沟通路线的数目会限制信息的接收和传出的能力；信息传递费时，影响工作效率；不适用较大的组织。

27. 答：常用的评价标准有集中性、速度、正确性、领导能力、全体成员满足程度。

（上述五点需适当展开，观点接近可酌情给分。）

28. 答：授权的要求有①明确职责；②根据预期成果授权；③授权对象适合；④有顺畅的沟通渠道；⑤有适当的控制。

29. 答：①按照预算内容的不同，预算可分为运营预算、投资预算和财务预算三大类；②按照财务角度的不同，预算可分为收入预算、支出预算和现金预算；③按照预算编制基础的不同，预算可分为零基预算和增量预算。

30. 答：法约尔指出，为了达到有效的控制目的，控制应在有限的时间内及时进行。有效的控制，要求能对组织活动中产生的偏差尽可能早地发现并及时采取措施加以纠正，避免偏差的进一步扩大，或防止偏差对组织产生不利影响的扩散，要做到及时控制，及时进行信息的收集和传递。如果信息处理的时间过长，即使信息是非常客观和完全正确的，滞后的信息失去了纠偏的实际意义，还可能产生严重后果。

五、案例分析题（本大题共 2 小题，每小题 15 分，共 30 分。）

31. 答：（1）行政方法的实质是通过对行政组织中的职务和职位进行管理。它特别强调职责、职权、职位，而并非个人的能力或特权。美国空军的考评制度强调直接上级的考评，群众未直接参与考评，使考评结果受到一定影响，且评估主观性的存在，降低了评估质量。所以这套评估制度在 20 世纪 70 年代中期受到广泛的批评。

（2）我认为，员工业绩的评估，应注意以下几点：①群众参与的方法，即提高被评者业绩增加透明度；②自我评估方法，使评估结果减少较大的差异；③定量化评估与定性化评估相结合，进而确定被评者的绩效；④不仅要看今天的成绩，还要看昨天的绩效，综合分析研究。

32. 答：（1）在人与人的沟通过程中，有一定的特殊性，即由于人们的政治观点、经济地位、年龄、经历、宗教、习惯等的不同，在沟通过程中，对同样的事情或谈话会有不同的解释和归因。

（2）在案例的对话中，美国老板问希腊人完成报告的时间，实际上是在征求希腊员工的意见（这与美国管理的传统习惯有关），而希腊员工并非不知道完成报告所需要的时间，只是想让美国老板下命令（希腊员工习惯于命令式的管理）。15天过后，美国老板要报告（要信守承诺），而希腊员工已经尽力把30天的工作用16天完成了（并且认为延迟些时间没有问题）。希腊员工认为美国老板找麻烦，因此不得已而辞职。

（3）要认识和掌握在沟通过程中个体差异及其影响，从而保证沟通的有效性。如我们通常所说的移情作用、设身处地等就是有效沟通的手段。

全国高等教育自学考试
管理学原理（中级）模拟试卷（二）

（课程代码　13683）

第Ⅰ部分　选择题（25分）

一、单项选择题（本大题共15小题，每小题1分，共15分。在每小题列出的四个备选项中只有一个是符合题目要求的，请将其代码填写在题后的括号内。错选、多选或未选均无分。）

1. 管理的首要职能是（　　）。
   A. 计划　　　　　　　　　　　B. 组织
   C. 领导　　　　　　　　　　　D. 控制

2. 梅奥的人际关系学说属于（　　）。
   A. 行为科学理论　　　　　　　B. 科学管理理论
   C. 一般管理理论　　　　　　　D. 权变管理理论

3. 电子产品更新换代的速度越来越快，电子企业面临的环境不确定性越来越高，该环境形式的特点是（　　）。
   A. 简单稳定　　　　　　　　　B. 复杂稳定
   C. 简单动态　　　　　　　　　D. 复杂动态

4. 企业的生产决策、存货决策、销售决策等属于（　　）。
   A. 战略决策　　　　　　　　　B. 业务决策
   C. 战术决策　　　　　　　　　D. 非常规决策

5. 道德发展的最低层次是（　　　　）。

　　A. 惯例层　　　　　　　　　　B. 前惯例层

　　C. 原则层　　　　　　　　　　D. 规范层

6. 使计划数字化的工作被称为（　　　　）。

　　A. 规则　　　　　　　　　　　B. 预算

　　C. 战略　　　　　　　　　　　D. 政策

7. 企业设有生产、研发、人力资源、财务等部门。这种部门划分依据是（　　　　）。

　　A. 职能　　　　　　　　　　　B. 时间

　　C. 人数　　　　　　　　　　　D. 地区

8. 下列组织结构中分权程度最高的是（　　　　）。

　　A. 直线制　　　　　　　　　　B. 事业部制

　　C. 矩阵制　　　　　　　　　　D. 直线职能制

9. 人员配备由一系列活动组成，其第一项活动是（　　　　）。

　　A. 人力资源计划　　　　　　　B. 工作分析

　　C. 培训与发展　　　　　　　　D. 绩效考核

10. 某手机公司根据市场需求，增加了手机的拍照、GPS 定位等功能。从组织变革角度讲，该公司的做法属于（　　　　）。

　　A. 结构变革　　　　　　　　　B. 技术变革

　　C. 人员变革　　　　　　　　　D. 文化变革

11. 依据领导生命周期理论，适合于低成熟度员工的领导方式是（　　　　）。

　　A. 说服型　　　　　　　　　　B. 参与型

　　C. 授权型　　　　　　　　　　D. 命令型

12. 煤矿企业增加了防尘、除硫、通风设备，减少了事故发生的可能性，这能更好地满足职工的（　　　　）。

　　A. 生理需要　　　　　　　　　B. 安全需要

　　C. 尊重需要　　　　　　　　　D. 自我实现需要

13. 能够快速传递、快速反馈、承载信息量更大的沟通方式是（　　　　）。

　　A. 书面沟通　　　　　　　　　B. 非语言沟通

　　C. 口头沟通　　　　　　　　　D. 上行沟通

14. 根据双因素理论，工资福利属于（　　　　）。

　　A. 积极因素　　　　　　　　　B. 消极因素

C. 保健因素   D. 激励因素

15. 企业依据不合格产品的质量问题，提出了改进措施。从控制的角度看，企业的该行为属于（   ）。

     A. 同期控制   B. 适时控制

     C. 反馈控制   D. 前馈控制

二、多项选择题（本大题共 5 小题，每小题 2 分，共 10 分。在每小题列出的五个备选项中至少有两个是符合题目要求的，请将其代码填写在题后的括号内。错选、多选、少选或未选均无分。）

16. 下列属于高层管理者的有（   ）。

     A. 董事长   B. 首席执行官

     C. 总经理   D. 项目经理

     E. 车间主任

17. 组织环境的特点有（   ）。

     A. 客观性   B. 复杂性

     C. 关联性   D. 确定性

     E. 层次性

18. 计划工作的主要原理有（   ）。

     A. 限定因素原理   B. 许诺原理

     C. 灵活性原理   D. 改变航道原理

     E. 特殊性原理

19. 下列属于经济人假设的观点有（   ）。

     A. 人能够自我管理

     B. 人是愿意承担责任的

     C. 人是由经济诱因引发工作动机的

     D. 人总是企图用最小投入取得满意的报酬

     E. 人总是被动地在组织的控制下从事工作

20. 常见的下行沟通有（   ）。

     A. 汇报会   B. 命令

     C. 会议纪要   D. 年度报告

     E. 政策陈述

第Ⅱ部分　非选择题（75分）

三、辨析题（本大题共5小题，每小题4分，共20分。判断正误，并说明理由。）

21. 科学管理研究的核心是提高员工的满意度。　　　（　　）

22. 组织文化反映一个组织的精神风貌，决定着组织内在凝聚力。　（　　）

23. 内部提升往往比外部招聘选择余地大，容易得到一流人才。　（　　）

24. 依据双因素理论的观点，保健因素能起到很大的激励作用。　（　　）

25. 前馈控制在本质上有预防的作用。　　　（　　）

四、简答题（本大题共 5 小题，每小题 5 分，共 25 分。）

26. 简述企业社会责任的具体体现。

27. 简述计划的基本特点。

28. 简述组织变革的方式。

29. 简述双向沟通的含义及其适用情况。

30. 举例说明激励的作用。

五、案例分析题（本大题共 2 小题，每小题 15 分，共 30 分。）

31. 某企业一直生产 A 产品，市场销路很好。2020 年以来，市场环境发生变化，A 产品出现滞销，销售收入明显下降，员工积极性受到影响。该厂厂长认为环保产品市场销路不错，于是果断决定转产该类产品。经过一年的努力，企业经营状况没有明显好转。2022 年以来，市场形势又发生了变化，A 产品的市场需求大幅增加，原有用户纷纷来电希望该企业能尽快恢复 A 产品的生产。与此同时，环保产品的销路出现下滑。在这种情况下，厂长又自作主张决定重新生产 A 产品，但 A 产品的质量和数量都无法在短时间达到理想水平，销售也受到影响。员工对这种状况议论纷纷，厂长感到压力很大。

问题：

（1）该厂长的决策受到哪些因素的影响？请结合案例简要说明。

（2）结合案例阐述决策应该遵循的原则。

32. 王平是 H 公司的副总经理，在业务上知识渊博、经验丰富，对生产极为关心，注重工作成果。同时，他待人热情，关心下属，对工作不够主动的员工，不会横加指责和批评，而是主动引导，并帮助员工解决工作中的实际问题。这一切努力赢得了大家的尊敬和认可。员工们在王平的影响下，士气高昂，工作积极主动，注重团队协作，能够圆满完成公司的各项任务。

问题：

（1）依据管理方格理论，王平采取了哪种领导方式？这种领导方式的特点是什么？

（2）领导者影响力的来源有哪些？王平的影响力的来源是什么？

全国高等教育自学考试
管理学原理（中级）模拟试卷（二）
参考答案

（课程代码 13683）

一、单项选择题（本大题共15小题，每小题1分，共15分。）

1. A 2. A 3. D 4. B 5. B 6. B 7. A 8. B
9. A 10. B 11. D 12. B 13. C 14. C 15. C

二、多项选择题（本大题共5小题，每小题2分，共10分。）

16. ABC 17. ABCE 18. ABCD 19. CDE 20. BCDE

三、辨析题（本大题共5小题，每小题4分，共20分。）

21. 判断：错误。
理由：科学管理研究的核心是如何提高劳动生产率。

22. 判断：正确。

23. 判断：错误。
理由：外部招聘往往比内部提升选择余地大，容易招聘到一流人才。

24. 判断：错误。
理由：依据双因素理论的观点，激励因素能起到很大的激励作用。（或依据双因素理论的观点，保健因素能够预防员工的不满。）

25. 判断：正确。

四、简答题（本大题共 5 小题，每小题 5 分，共 25 分。）

26. 答：①对雇员的责任；②对顾客的责任；③对竞争对手的责任；④对环境的责任；⑤对社会发展的责任。

27. 答：①目的性；②首位性；③普遍性；④适应性；⑤经济性。

28. 答：①渐进式变革；②激进式变革。

29. 答：双向沟通是指有反馈的沟通，即信息发送者和接收者之间相互进行信息交流的沟通。

适用情况如下：①时间比较充裕，但问题比较棘手；②下属对解决方案的接受程度至关重要；③下属能提供有价值的信息和建议；④上级习惯于双向沟通，并且能够有建设性地处理反馈意见。

30. 答：①通过激励可以把有才能的、组织需要的人吸引过来；②通过激励，可以使已经在职的职工最充分地发挥其技术和才能，保证工作的有效性和效率；③通过激励，可以进一步激发员工的创造性和革新精神，大大提高工作绩效；④适当举例说明。

五、案例分析题（本大题共 2 小题，每小题 15 分，共 30 分。）

31. 答：

（1）该厂长的决策受到的影响因素有：①环境因素。市场环境发生变化，环保产品市场前景看好。②时间因素。2020 年、2022 年，不同时间，产品市场需求有变化。③个人因素。厂长个人战略眼光、工作作风和个性特征等的影响。

（2）决策应遵循的原则有：①信息原则。②预测原则。③可行性原则。④系统原则。⑤对比择优原则。⑥反馈原则。

32. 答：（1）王平采用了团队型（9.9 型）管理方式。

这种领导方式的特点是：对职工和生产都极为关心，注意使职工了解组织的目标，关心工作的成果，努力使职工个人的需要和组织的目标最有效地结合起来。

（2）领导影响力来源主要有：①法定权；②奖赏权；③强制权；④专长权；⑤个人影响权。

王平的影响力既来源于组织赋予的法定权、奖赏权和强制权，又有他个人的专长权和个人影响权。

全国高等教育自学考试
管理学原理（中级）模拟试卷（三）

（课程代码　13683）

第Ⅰ部分　选择题（25分）

一、单项选择题（本大题共15小题，每小题1分，共15分。在每小题列出的四个备选项中只有一个是符合题目要求的，请将其代码填写在题后的括号内。错选、多选或未选均无分。）

1. "经营管理之父" 指的是（　　）。

    A. 泰勒　　　　　　　　　　　B. 法约尔

    C. 西蒙　　　　　　　　　　　D. 韦伯

2. 经济结构、产业布局和经济发展水平属于宏观环境因素中的（　　）。

    A. 社会环境　　　　　　　　　B. 政治环境

    C. 经济环境　　　　　　　　　D. 技术环境

3. 决策的起点是（　　）。

    A. 识别机会　　　　　　　　　B. 确定目标

    C. 拟订方案　　　　　　　　　D. 典型试验

4. 采用背对背的方式征询专家的决策意见，在多次反馈基础上做出选择的决策方法是（　　）。

    A. 头脑风暴法　　　　　　　　B. 名义群体法

    C. 电子会议　　　　　　　　　D. 德尔菲法

5. 计划的总目标不变，但实现目标的进程可因情况的变化而变化，这是计划工作的（   ）。

    A. 改变航道原理   B. 限定因素原理

    C. 许诺原理   D. 灵活性原理

6. "天天低价，天天沃尔玛"体现的是下列哪种战略的核心思想？（   ）

    A. 集中战略   B. 总成本领先战略

    C. 分散战略   D. 差别化战略

7. 某服装企业将其部门划分为儿童市场部、老年市场部、青年市场部等，其划分标准是（   ）。

    A. 产品   B. 地区

    C. 顾客   D. 职能

8. 每个成员都是多面手，在群体中有分工，但更强调合作的组织结构是（   ）。

    A. 直线制   B. 事业部制

    C. 委员会制   D. 团队结构

9. 企业对新员工进行的导向性培训是（   ）。

    A. 脱产培训   B. 岗前培训

    C. 职业培训   D. 在职培训

10. 百年老字号同仁堂曾经在全国范围招聘总经理，任职条件涉及心理、性格、知识、能力等多方面。这依据的是下列哪种理论的观点？（   ）

    A. 领导权变理论   B. 领导行为理论

    C. 领导特质理论   D. 人性假设理论

11. 假设人们有消极的工作原动力的是（   ）。

    A. Y 理论   B. Z 理论

    C. 超 Y 理论   D. X 理论

12. 小王因销售业绩突出，获得 5 万元年终奖，依据激励的强化理论，这属于（   ）。

    A. 惩罚   B. 自然消退

    C. 正强化   D. 负强化

13. 沟通中"得理让人、态度宽容、谦让得体"等体现了沟通的（   ）。

    A. 相容原则   B. 尊重原则

C. 理解原则　　　　　　　　　　D. 效率原则

14. H 公司的技术部、采购部、销售部相互之间交换意见、互通信息，这属于沟通中的（　　　）。

    A. 下行沟通　　　　　　　　　　B. 斜向沟通

    C. 上行沟通　　　　　　　　　　D. 平行沟通

15. 生产部门主管深入生产现场检查和指导下属的工作属于（　　　）。

    A. 前馈控制　　　　　　　　　　B. 现场控制

    C. 反馈控制　　　　　　　　　　D. 成果控制

二、多项选择题（本大题共 5 小题，每小题 2 分，共 10 分。在每小题列出的五个备选项中至少有两个是符合题目要求的，请将其代码填写在题后的括号内。错选、多选、少选或未选均无分。）

16. 下列对管理含义表述正确的有（　　　）。

    A. 管理的载体是组织　　　　　　B. 管理的目的是实现组织目标

    C. 管理是由一系列活动构成的　　D. 管理是一个追求有效的过程

    E. 管理的实质是协调

17. 计划的基本特点有（　　　）。

    A. 目的性　　　　　　　　　　　B. 首位性

    C. 普遍性　　　　　　　　　　　D. 适应性

    E. 经济性

18. 垂直型组织结构的优点有（　　　）。

    A. 可以严密监督控制　　　　　　B. 能体现上级意图

    C. 管理费用低　　　　　　　　　D. 信息传递渠道长

    E. 组织的稳定性高

19. 领导者影响力的来源有职位权力与个人权力，下列属于职位权力的是(　　　)。

    A. 法定权　　　　　　　　　　　B. 奖赏权

    C. 强制权　　　　　　　　　　　D. 专长权

    E. 个人影响权

20. 语言沟通包括（　　　）。

    A. 体态语言　　　　　　　　　　B. 口头沟通

C. 电子媒介沟通   D. 书面沟通

E. 语调

第Ⅱ部分　非选择题（75分）

三、辨析题（本大题共5小题，每小题4分，共20分。判断正误，并说明理由。）

21. 科学管理的目标是提高劳动生产率。   （   ）

22. 管理道德是管理者的行为准则与规范的总和。   （   ）

23. 战术计划是为组织设立总体的较为长期的目标。   （   ）

24. 组织是人们为了实现共同的目标而组成的有机整体。   （   ）

25. 控制一般只针对管理过程中的某些环节。   （   ）

四、简答题（本大题共 5 小题，每小题 5 分，共 25 分。）

26. 简述目标管理的特点。

27. 简述组织设计的含义和内容。

28. 简述沟通的特点。

29. 简述有效控制的原则。

30. 举例简述领导者的重要作用。

五、案例分析题（本大题共 2 小题，每小题 15 分，共 30 分。）

31. 新华公司成立初期，由于产品单一规模较小，采用直线职能制结构，这种结构适合公司当时的规模。随着企业的不断发展，其经营规模不断扩大，企业外部环境也发生了较大变化，市场竞争日趋激烈。为了适应环境的变化，公司对经营战略进行了必要的调整，引进了先进的设备和技术，招聘了高学历的员工，产品也从单一化向多元化方向发展，直线职能制组织结构已不适应公司的发展需要了。

针对这种情况，公司决定对现有组织结构进行变革。经过咨询研究，公司决定实行事业部制，即依据产品设立若干事业部，各事业部对产品的开发、生产、销售等经营活动全权负责，总公司只保留重大人事决策和战略决策等权力。

问题：

（1）什么是组织结构？导致该公司组织变革的原因是什么？

（2）什么是事业部制组织结构？结合案例分析其特点。

32. 李欣是一家 IT 公司的员工，在公司已经工作了 10 年，其间，他从普通编程员升为资深的编程分析员。李欣对自己所服务的公司相当满意，无论是工作职位还是收入，都使他感到有成就感，同时，创造性的工作也对他产生了很强的吸引力。

一次偶然的机会，李欣得知他所在部门新来的一位大学毕业的编程人员起薪仅比他现在的工资少 200 元时，他郁闷了。一天早班后，他找到了人事部主任江林，问是否有这样的事，江林略带歉意地告诉李欣确有此事并解释说："编程人员非常短缺，为使公司能吸引合格的编程人员，我们不得不提供较高的起薪。"李欣问能否相应地调高他的工资时，江林回答："你的工资须按照正常的绩效评估时间评定后再调整。你干得不错，我相信经理到时会给你提薪的。"得到这样的答复后，李欣对公司这种做法感到困惑。

问题：

（1）简述公平理论的基本观点并用此解释李欣的困惑。

（2）你认为该公司的管理者应该如何做才能尽可能消除李欣的困惑？

全国高等教育自学考试
管理学原理（中级）模拟试卷（三）
参考答案

（课程代码　13683）

一、单项选择题（本大题共 15 小题，每小题 1 分，共 15 分。）

1. B　　　2. C　　　3. A　　　4. D　　　5. A　　　6. B　　　7. C　　　8. D

9. B　　　10. C　　　11. D　　　12. C　　　13. A　　　14. D　　　15. B

二、多项选择题（本大题共 5 小题，每小题 2 分，共 10 分。）

16. ABCDE　　　17. ABCDE　　　18. ABE　　　19. ABC　　　20. BCD

三、辨析题（本大题共 5 小题，每小题 4 分，共 20 分。）

21. 判断：正确。

22. 判断：正确。

23. 判断：错误。

理由：战略计划是为组织设立总体的较为长期的目标。（或战术计划是为了服从、实行战略计划而制订的计划。）

24. 判断：正确。

25. 判断：错误。

理由：控制是贯穿于整个管理过程。

四、简答题（本大题共 5 小题，每小题 5 分，共 25 分。）

26. 答：①员工参与管理；②以自我管理为中心；③强调自我评价；④重视成果。

27. 答：组织设计就是根据组织目标对组织的结构和活动进行筹划和考虑；①根据任务和目标的要求，进行职能与职务的分析，设计组织机构；②进行部门设计和层级设计，划分各机构间的上下左右关系、职责权限和分工协作范围；③建立机构间的工作流程和沟通渠道；④制定一定的政策方针和措施使机构有序运转。

28. 答：①心理因素对沟通的影响很大；②沟通既是信息传递过程，又是感情交流过程；③沟通主要以语言为载体；④在人际沟通过程中会出现沟通障碍。

29. 答：①及时性原则；②适度性原则；③重点原则；④经济性原则；⑤客观性原则；⑥弹性原则。

（评分参考）观点接近，可酌情给分。

30. 答：①协调作用；②指挥作用；③激励作用。

（评分参考）观点接近，可酌情给分。

五、案例分析题（本大题共 2 小题，每小题 15 分，共 30 分。）

31. 答：（1）组织结构是指组织的基本架构，是对完成组织目标的人员、工作、技术和信息所做的制度性安排。

公司组织变革是外因和内因共同作用的结果：

①外因：外部环境的变化和激烈的市场竞争。

②内因：战略的调整、设备引进和技术变化、员工受教育程度的提高、组织规模和范围扩大等。

（2）事业部制组织结构也称为"斯隆模型""联邦分权制"，是在一个企业内对具有独立产品市场、独立责任和利益的部门实行分权管理的一种组织结构形式。其基本特点是集中决策、分散经营。

（评分参考）结合案例适当展开。观点接近，可酌情给分。

32. 答：（1）美国心理学家亚当斯的公平理论主要研究报酬的公平性对人们工作积极性的影响。

公平理论认为：员工首先思考自己收入与付出的比率，然后将自己的收入付出比与相关他人的收入付出比进行比较，如果感觉到自己的比率与他人相同则为公平状态，否则就会产生不公平感觉。

李欣通过将自己现有的收入和付出与新入职人员的收入和付出进行比较，由此产生了不公平的感觉。

（2）依据公平理论对管理的启示，该公司的管理者需要注意以下几点：

①用报酬或奖赏激励员工时，一定要使员工感到公平和合理；②应注意横向比较，以免员工由于感觉不公平而离职；③应善于识别个人主观上的认识偏差，进行必要的解释说明，以利于个人和组织的发展。

（评分参考）结合案例观点接近，可酌情给分。

全国高等教育自学考试
管理学原理（中级）模拟试卷（四）

（课程代码 13683）

第 I 部分 选择题（25 分）

一、单项选择题（本大题共 15 小题，每小题 1 分，共 15 分。在每小题列出的四个备选项中只有一个是符合题目要求的，请将其代码填写在题后的括号内。错选、多选或未选均无分。）

1. 一般来说，部门经理、科室主任属于组织的（　　）。

 A. 高层管理者　　　　　　　　B. 中层管理者

 C. 基层管理者　　　　　　　　D. 执行人员

2. 最早提出管理十四条原则的是（　　）。

 A. 西蒙　　　　　　　　　　　B. 泰勒

 C. 法约尔　　　　　　　　　　D. 韦伯

3. 标准挂衣架制造商所处的环境变化相对较小，不确定性也低，这种环境属于（　　）。

 A. 简单和稳定的环境　　　　　B. 复杂和稳定的环境

 C. 复杂和动态的环境　　　　　D. 简单和动态的环境

4. 随着人们生活水平的不断提高，家庭收入中储蓄占的比例不断增加，这属于外部环境的（　　）。

 A. 政治因素　　　　　　　　　B. 经济因素

  C. 社会因素   D. 技术因素

5. 所有组织的管理活动应当遵守管理道德的原则和要求. 这体现了管理道德的（   ）。

  A. 普遍性   B. 特殊性

  C. 强制性。   D. 变动性

6. 采用背对背的通信方式，经过多轮征询使意见趋于集中的决策方法是（   ）。

  A. 名义群体法   B. 头脑风暴法

  C. 德尔菲法   D. 风险性决策法

7. 某公司在年初的工作会议上，提出力争在本年度实现利润 3 000 万元。这属于计划层次中的（   ）。

  A. 程序   B. 宗旨

  C. 规划   D. 目标

8. 计划工作程序的第一步是（   ）。

  A. 确定目标   B. 评估机会

  C. 编制预算   D. 制订派生计划

9. 一家超市设有日用品、食品、服装等部门。其部门划分的依据是（   ）。

  A. 职能   B. 产品

  C. 区域   D. 顾客

10. 王鹏原在公司营销部担任主管，后又分别到市场部、生产部担任主管。从培训角度讲这属于管理者的（   ）。

  A. 提升   B. 脱产培训

  C. 工作轮换   D. 岗前培训

11. 老王专业技术过硬，得到了大家的认可，由此产生了一定的影响力。这种影响力来源于（   ）。

  A. 奖赏权   B. 强制权

  C. 专长权   D. 法定权

12. 依据下属的成熟度选择领导方式的理论是（   ）。

  A. 领导特质理论   B. 菲德勒的权变理论

  C. 领导方式理论   D. 领导生命周期理论

13. 小林参加工作后表现出色，很快就被委以重任，成为项目负责人。依据双因素理论的观点，这种激励属于激励因素中的（　　）。

    A. 工作条件　　　　　　　　B. 工资福利

    C. 监督方式　　　　　　　　D. 提升

14. 传递信息最快的沟通形态是（　　）。

    A. 链式沟通　　　　　　　　B. 轮式沟通

    C. Y 式沟通　　　　　　　　D. 环式沟通

15. 工人每天须生产 100 个零件，废品率低于 1%，这属于控制过程中的（　　）。

    A. 确立标准　　　　　　　　B. 衡量绩效

    C. 差异分析　　　　　　　　D. 纠正偏差

二、多项选择题（本大题共 5 小题，每小题 2 分，共 10 分。在每小题列出的五个备选项中至少有两个是符合题目要求的，请将其代码填写在题后的括号内。错选、多选、少选或未选均无分。）

16. 应用盈亏平衡分析法，进行企业经营分析时所依据的变量有（　　）。

    A. 产品数量　　　　　　　　B. 生产成本

    C. 销售利润　　　　　　　　D. 资金

    E. 税收

17. 企业的基本战略类型包括（　　）。

    A. 一体化战略　　　　　　　B. 多元化战略

    C. 总成本领先战略　　　　　D. 差别化战略

    E. 集中战略

18. 下列属于营利性组织的有（　　）。

    A. 军队　　　　　　　　　　B. 工厂

    C. 商店　　　　　　　　　　D. 银行

    E. 酒店

19. 推动组织变革的外部动因有（　　）。

    A. 经济政策的调整　　　　　B. 市场需求的变化

    C. 科技的发展　　　　　　　D. 竞争观念的改变

    E. 全球化的竞争

20. 下列属于口头沟通的有（　　）。
    A. 讲座　　　　　　　　　　　B. 信件
    C. 讨论会　　　　　　　　　　D. 演讲
    E. 打电话

第 II 部分　非选择题（75 分）

三、辨析题（本大题共 5 小题，每小题 4 分，共 20 分。判断正误，并说明理由。）

21. 一般来说，高层管理者更强调技术技能。　　　　　　　　　（　　）

22. 古典政治经济学的创始人亚当·斯密提出了"分工协作原理"。　（　　）

23. 对顾客的责任是企业社会责任的表现之一。　　　　　　　　（　　）

24. 因人设岗是人员配备的原则。　　　　　　　　　　　　　　（　　）

25. 领导者的影响力来源于正式权力。 （ ）

四、简答题（本大题共 5 小题，每小题 5 分，共 25 分。）

26. 简述泰勒科学管理的主要内容。

27. 简述组织环境的特点。

28. 简述西蒙提出的决策标准及原因。

29. 简述控制的适度性原则。

30. 领导是一门艺术，其艺术性表现在多个方面，请结合实例简述领导的授权艺术。

五、案例分析题（本大题共 2 小题，每小题 15 分，共 30 分。）

31. 某工厂开工不久，就遇到了设备停工率高、废品率高、人工成本高等问题。为了弄清问题的缘由，经理在工厂内展开了调查。调查结果显示：一些业务主管缺少与职责相称的职权，对工作中的问题无法及时作出决策；一些员工对他们每天的任务不明确，也很少能从上级主管那里获得工作所需的必要信息，有时又会接受到不同领导的不同命令，导致员工无所适从；工厂内部还存在人浮于事的现象。针对这种情况，经理说："我们虽然建立了清晰的组织结构，但出现这些问题说明组织管理还存在不足，需要进一步完善管理。"

问题：

（1）什么是职权？其含义是什么？

（2）请运用组织的相关原则对案例中的调查结果进行分析。

32. 李伟大学毕业后到一家计算机软件公司工作。刚工作的三年里，他工作积极，取得了一定的成绩，其收入基本满足了自身衣、食、住的需要，工作和生活方面均获得了保障。但由于工作较忙，他很少和朋友联系，有时候会感到较为孤独。最近他作为某项目小组成员，与大家一起奋战三个月，成功地开发了一套系统软件，圆满地完成了公司交办的任务，公司领导对此十分满意，李伟得到了重奖，领到了一笔丰厚的奖金，他的工作积极性更高了。不久后的一次同事闲聊中，李伟得知项目其他成员的奖金也基本与他相同，他的心情由此发生了变化，工作的热情受到了很大影响，积极性骤然下降。

问题：

（1）依据需要层次理论对李伟的需要进行分析。

（2）依据公平理论对李伟领取奖金后的表现做出解释。

全国高等教育自学考试
管理学原理（中级）模拟试卷（四）
参考答案

（课程代码　13683）

一、单项选择题（本大题共 15 小题，每小题 1 分，共 15 分。）

1. B　　2. C　　3. A　　4. B　　5. A　　6. C　　7. D　　8. B

9. B　　10. C　　11. C　　12. D　　13. D　　14. A　　15. A

二、多项选择题（本大题共 5 小题，每小题 2 分，共 10 分。）

16. ABC　　　17. CDE　　　18. BCDE　　　19. ABCDE　　　20. ACDE

三、辨析题（本大题共 5 小题，每小题 4 分，共 20 分。）

（评分参考）考生如有其他回答，观点接近亦可给分。

21. 判断：错误。

理由：一般来说，高层管理者更强调概念技能。（或一般来说，基层管理者更强调技术技能。）

22. 判断：正确。

23. 判断：正确。

24. 判断：错误。

理由：因事择人是人员配备的原则。

25. 判断：错误。

理由：领导者的影响力来源于正式权力与非正式权力。

四、简答题（本大题共 5 小题，每小题 5 分，共 25 分。）

26. 答：①工作定额原理；②标准化原理；③科学地挑选工人并使之成为"第一流工人"；④实行差别计件工资制；⑤管理工作专业化原理；⑥管理控制的例外原理。

注：答对以上任意五点即得满分。

27. 答：①客观性；②复杂性；③关联性；④不确定性；⑤层次性。

28. 答：西蒙提出的决策标准为满意标准。因为以下三个条件不可能完全满足：①获得有关决策的所有信息；②判断所有信息的价值所在，并据此拟定出所有可能的备选方案；③准确预测每一种方案在未来的执行结果。

29. 答：①适度性原则指控制的范围、程度和频度恰到好处，防止控制过多或控制不足；②控制程度适当与否要受到许多因素的影响。判断控制程度或频度是否适当的标准，通常要随活动性质、管理层次以及下属受培训程度等因素而变化；③组织环境的特点也会影响人们对控制严厉程度的判断。

30. 答：领导的授权艺术表现在以下几个方面：①因事择人，视能授权；②权责同授，交代明确；③逐级授权，不授权力之外之权；④授权要有度；⑤授权形式要合理；⑥授权后要放手；⑦要掌握有效的控制方法。

（评分参考）观点接近，可酌情给分。

五、案例分析题（本大题共 2 小题，每小题 15 分，共 30 分。）

（评分参考）如有其他回答，观点接近亦可给分。

31. 答：（1）职权指的是组织设计中赋予某一管理职位的权力。拥有职权的人在职责范围内对相应的事情发布命令并希望命令得到执行。这一概念包括以下几层含义：①职权的来源是组织，它是由组织授予的；②职权的基础是职位，获得职权必先获得职位；③职权是以履行职责为前提的，职权的大小取决于职责范围的大小。

（2）对案例中的调查结果的分析如下：①依据集权与分权相结合的原则，工厂存在分权不足，影响管理者积极性的发挥；②依据统一指挥原则，工厂存在着多头领导、令出多门的现象，违反了统一原则的要求；③依据精简高效的原则，工厂存在人浮于事的问题，导致工厂经营成本增加。

32. 答：（1）按照马斯洛的需要层次理论，人的需要可以分为五个层次，即生理需要、安全需要、社交需要、尊重需要和自我实现的需要。李伟工作后的三年中，基本满足了生理需要和安全需要。但是，人都有友谊、忠诚以及归属于某一群体及组织的社交需要，李伟的这些需要没有得到满足，所以感觉到孤独。

（2）依据公平理论，员工不仅考虑收入的绝对值，还要考虑相对值，即对自己的收入付出比和他人的收入付出比进行比较。如果感觉到基本相等则认为是公平状态，否则就能产生不公平感，进而影响工作的积极性。李伟领到奖金时很高兴，因为从奖金的绝对值考虑是符合他的预期的，即收入付出比是合理的。但当得知可能自己的收入付出比低于小组其他成员的收入付出比时，他就会感到不公平。

全国高等教育自学考试
管理学原理（中级）模拟试卷（五）

（课程代码 13683）

第 I 部分 选择题（25分）

一、单项选择题（本大题共15小题，每小题1分，共15分。在每小题列出的四个备选项中只有一个是符合题目要求的，请将其代码填写在题后的括号内。错选、多选或未选均无分。）

1. 管理的核心是（　　）。
   A. 信息管理　　　　　　　　　　B. 生产管理
   C. 财务管理　　　　　　　　　　D. 以人为本

2. 提出实行定额管理、差别计件工资制等观点的古典管理理论是（　　）。
   A. 科学管理理论　　　　　　　　B. 一般管理理论
   C. 行政组织理论　　　　　　　　D. 决策理论

3. 加速电脑更新换代的新技术、新工艺是环境因素中的（　　）。
   A. 政治因素　　　　　　　　　　B. 经济因素
   C. 技术因素　　　　　　　　　　D. 社会因素

4. 企业在获取利润的同时，还应为相关利益群体承担相应的社会责任。这是社会责任的（　　）。
   A. 古典观　　　　　　　　　　　B. 社会经济观
   C. 科学观　　　　　　　　　　　D. 行为观

5. 某公司管理层作出了未来五年公司发展方向和远景的决策。这种决策是（　　）。

    A. 业务决策　　　　　　　　　B. 战术决策

    C. 战略决策　　　　　　　　　D. 短期决策

6. 计划要能够保证以最小的成本投入获得最大的收益产出。这是指计划的（　　）。

    A. 目的性　　　　　　　　　　B. 普遍性

    C. 适应性　　　　　　　　　　D. 经济性

7. 工厂、商店、酒店、旅行社等属于（　　）。

    A. 营利性组织　　　　　　　　B. 非营利性组织

    C. 公共组织　　　　　　　　　D. 宗教组织

8. 某公司的销售部分为东北部、华北部、西北部等部门，这种部门划分的方法是（　　）。

    A. 按地区划分　　　　　　　　B. 按产品划分

    C. 按职能划分　　　　　　　　D. 按顾客划分

9. 人尽其才体现了人员配备的（　　）。

    A. 因事择人原则　　　　　　　B. 责权对等原则

    C. 因才适用原则　　　　　　　D. 动态平衡原则

10. 对组织设计、权力分配等方面所进行的变革是（　　）。

    A. 人员变革　　　　　　　　　B. 结构变革

    C. 技术变革　　　　　　　　　D. 组织文化变革

11. 依据管理方格理论，"既不关心生产，也不关心职工"的领导方式属于（　　）。

    A. 中间型　　　　　　　　　　B. 任务型

    C. 贫乏型　　　　　　　　　　D. 俱乐部型

12. 企业取消了对职工加班加点给予奖酬的规定，加班加点的职工逐渐减少。这属于（　　）。

    A. 正强化　　　　　　　　　　B. 负强化

    C. 惩罚　　　　　　　　　　　D. 自然消退

13. 沟通中常用的迎候语、致谢语等体现了沟通的（　　）。

    A. 理解原则　　　　　　　　　B. 相容原则

C. 尊重原则　　　　　　　　　　D. 平等原则

14. 讲座、讨论会、交谈属于（　　）。

　　A. 书面沟通　　　　　　　　　　B. 口头沟通

　　C. 电子媒介沟通　　　　　　　　D. 非语言沟通

15. 对职工进行岗前培训属于（　　）。

　　A. 前馈控制　　　　　　　　　　B. 现场控制

　　C. 反馈控制　　　　　　　　　　D. 同期控制

二、多项选择题（本大题共 5 小题，每小题 2 分，共 10 分。在每小题列出的五个备选项中至少有两个是符合题目要求的，请将其代码填写在题后的括号内。错选、多选、少选或未选均无分。）

16. 按照决策方法的不同，可将决策分为（　　）。

　　A. 战略决策　　　　　　　　　　B. 确定型决策

　　C. 风险型决策　　　　　　　　　D. 不确定型决策

　　E. 战术决策

17. 滚动计划法的特点有（　　）。

　　A. 分段编制　　　　　　　　　　B. 便于编制

　　C. 近细远粗　　　　　　　　　　D. 静态编制

　　E. 长、短期计划紧密结合

18. 当代组织变革的新举措有（　　）。

　　A. 组织结构扁平化　　　　　　　B. 组织运行柔性化

　　C. 组织结构垂直化　　　　　　　D. 组织协作团队化

　　E. 大企业内部的"小企业化经营"

19. 下列属于双因素理论中"激励因素"的有（　　）。

　　A. 提升　　　　　　　　　　　　B. 安全

　　C. 地位　　　　　　　　　　　　D. 责任感

　　E. 奖金

20. 从财务角度，预算可以分为（　　）。

　　A. 零基预算　　　　　　　　　　B. 收入预算

　　C. 支出预算　　　　　　　　　　D. 现金预算

　　E. 增量预算

第Ⅱ部分 非选择题（75分）

三、辨析题（本大题共5小题，每小题4分，共20分。判断正误，并说明理由。）

21. 有效的管理是效率与效果的结合。   （   ）

22. 组织所处的外界环境是客观存在的，组织只能适应而不能改变。 （   ）

23. 在组织变革对，渐进式变革比激进式变革更容易成功。   （   ）

24. 领导者的影响力仅来源于组织赋予的权力。   （   ）

25. 沟通既是信息传递的过程，又是感情交流的过程。   （   ）

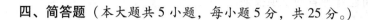

四、简答题（本大题共 5 小题，每小题 5 分，共 25 分。）

26. 简述法约尔提出的管理五要素。

27. 简述组织设计应遵循的基本原则。

28. 简述授权的概念及原因。

29. 简述控制的内容。

30. 联系实际简述管理者的三项技能。

五、案例分析题 （本大题共 2 小题，每小题 15 分，共 30 分。）

31. 爱华公司是一家以开发各类管理信息系统为主的企业，公司规模不大，但其主导产品——城市公交车管理信息系统的功能配置合理，取得了不错的市场业绩。为进一步扩大市场，总经理李南经过调查研究后，决定开发新型机场地勤服务管理信息系统，并起草了项目计划，重点阐述了以下内容：①提出了新系统功能定位；②估算了投资；③确定了预期要实现的目标及收益。在公司中高层管理会上，大家一致认可这个项目，但需要对项目的预期环境、备选方案及预算等方面做出详细的分析，并制订出一套切实可行的计划。

问题：

（1）计划应包括哪些内容？你如何看待李南编制的计划？

（2）你认为爱华公司应该如何完善该项目的计划？

32. 某公司经营出现困难，员工收入下降，积极性不高，人才流失较为严重。为解决这一问题，公司的李经理决定从公司内部管理着手进行改革。他首先从职工反映问题较多的食堂抓起，他与食堂管理人员研究如何提高饭菜质量，并让公司工会建立职工家庭经济情况、健康状况等小档案，定期调阅，实实在在地为职工解决实际困难。与此同时，李经理还进行了人事管理制度的改革，如员工可以自由应聘公司空缺的岗位，每隔两年员工可以调换一次岗位为员工提供更多施展才能的机会，等等。这些措施实行后，李经理赢得了职工的信任，职工的积极性和主动性被逐步调动了起来。

问题：

（1）激励的方法有哪些？李经理主要运用了哪些激励方法？请予以说明。

（2）"需要层次理论"提出人的需要可分为哪些层次？依照该理论，李经理主要解决了员工的哪些需要？

全国高等教育自学考试
管理学原理（中级）模拟试卷（五）
参考答案

（课程代码 13683）

一、单项选择题（本大题共15小题，每小题1分，共15分。）

1. D   2. A   3. C   4. B   5. C   6. D   7. A   8. A
9. C   10. B   11. C   12. D   13. C   14. B

二、多项选择题（本大题共5小题，每小题2分，共10分。）

16. BCD   17. ACE   18. ABDE   19. ADE   20. BCD

三、辨析题（本大题共5小题，每小题4分，共20分。）

21. 判断：正确。

22. 判断：错误。

理由：组织既要适应环境，在一定程度上也能影响和改变环境。

23. 判断：错误。

理由：渐进式变革与激进式变革各有适应条件，不存在优劣之分。

24. 判断：错误。

理由：领导者的影响力来源于组织赋予权力领导者的个人的权力。

25. 判断：正确。

四、简答题（本大题共 5 小题，每小题 5 分，共 25 分。）

26. 答：①计划；②组织；③指挥；④协调；⑤控制。

27. 答：①目标统一原则；②专业化分工的原则；③统一指挥原则；④责权对等原则；⑤有效管理幅度原则；⑥集权与分权相结合原则；⑦稳定性与适应性相结合原则；⑧精简高效原则。

（评分参考）答对任意每点均给分。

28. 答：授权是指上层管理人员将适当的权力授予下属，让下属在指定的职责范围内作出决定和支配资源。

授权的原因：管理宽度的原因；经济、效率的原因；知识限制的原因；培养管理人才的原因。

29. 答：①人员控制；②时间控制；③成本控制；④质量控制；⑤库存控制；⑥审计控制。

（评分参考）答对任意每点均给分。

30. 答：（1）技术技能是指使用某一专业领域的程序、技术、知识和方法完成组织任务的能力。

（2）人际技能是指与处理人际关系有关的技能，即理解、激励他人并与他人共事的能力。

（3）概念技能是指纵观全局，洞察企业与环境要素间相互影响和作用的能力。

（4）结合实际展开分析。

五、案例分析题（本大题共 2 小题，每小题 15 分，共 30 分。）

31. 答：

（1）计划的内容包括"5W1H"：

What to do——做什么？即要明确计划工作的具体任务与要求；

Why to do it——为什么做？即要明确计划工作的宗旨、目标和战略；

When to do it——何时做？即定计划中各项工作开始和完成的时间；

here to do it——何地做？即规定计划的实施地点或场所；

Who to do it——谁去做？即规定计划的责任人；

How to do it——怎样做？即制定实施计划的措施、政策等。

李南编制的计划在内容上仍不够全面、程序上也不够完善。

（2）爱华公司应该从以下几方面完善计划：

①完善计划的内容，主要包括"5W1H"；②按照计划制定程序，从评估机会、确定目标、确定前提条件、拟定可供选择的方案，评价备选方案、选择方案、拟定辅助计划、编制预算等方面制订出较为详细的计划。

32. 答：（1）激励的基本方法包括物质利益激励、目标激励、任务激励、榜样激励、培训激励、荣誉激励、组织激励、制度激励、环境激励、危机激励和信息激励等。李经理主要运用了物质利益激励和任务激励两种激励方法。物质利益激励体现在"提高饭菜质量""让公司工会建立职工家庭经济情况、健康状况等小档案，定期调阅，实实在在地为职工解决实际困难"等措施方面；而"员工可以自由应聘公司空缺的岗位，每隔两年员工可以调换一次岗位"则属于任务激励。

（2）"需要层次理论"认为人的需要可分为生理需要、安全需要、社交需要、尊重需要、自我实现需要五个层次。李经理的物质利益激励满足了员工生理、安全的需要；任务激励则满足了员工自我实现的需要。

全国高等教育自学考试
管理学原理（中级）模拟试卷（六）

（课程代码　13683）

第 I 部分　选择题（25 分）

一、单项选择题（本大题共 15 小题，每小题 1 分，共 15 分。在每小题列出的四个备选项中只有一个是符合题目要求的，请将其代码填写在题后的括号内。错选、多选或未选均无分。）

1．某汽车公司生产车间工作小组的主管人员是（　　）。

　　A．基层管理者　　　　　　　　B．中层管理者

　　C．高层管理者　　　　　　　　D．综合管理者

2．科学管理理论认为必须通过工时和动作研究制定出工人的"合理的日工作量"，这是下列哪个原理的内容？（　　）

　　A．标准化原理　　　　　　　　B．职能管理原理

　　C．工作定额原理　　　　　　　D．例外原理

3．"成为最优秀的商用计算机和商用计算机服务器的供应商"，该表述体现的企业文化是（　　）。

　　A．企业精神　　　　　　　　　B．企业使命

　　C．企业道德　　　　　　　　　D．企业制度

4．管理道德规范必然随着管理的变化和发展而不断改变自己的内容和形式，这体现了管理道德的（　　）。

A. 普遍性   B. 特殊性

C. 变动性   D. 社会教化性

5. 提出决策"满意标准"的学者是（　　　）。

A. 泰勒   B. 韦伯

C. 西蒙   D. 马斯洛

6. 在下列计划的表现形式中，哪一种是针对反复出现的业务而制定的？（　　　）

A. 目标   B. 程序

C. 规划   D. 预算

7. 天华公司计划在明年一年内实现销售收入 200 万元，利润率达到 3.5%，这种计划类型属于（　　　）。

A. 短期计划   B. 中期计划

C. 长期计划   D. 战略计划

8. 某机械公司是一家以机床制造和销售为主营业务的企业，目前，公司设有设计部、工艺部、生产部、销售部、财务部、人事部等部门。该公司部门划分采取的是（　　　）。

A. 职能部门化   B. 产品部门化

C. 区域部门化   D. 工艺部门化

9. 矩阵制组织结构的主要缺点是（　　　）。

A. 不利于相互协调   B. 多头领导导致下属无所适从

C. 不利于培养人才   D. 不利于新项目开发

10. 根据岗位要求选拔具备相应知识与能力的人员，这体现了人员配备中的哪个原则？（　　　）

A. 因事择人   B. 因才适用

C. 动态平衡   D. 因人择事

11. 下列不属于组织变革过程的是（　　　）。

A. 解冻   B. 变革

C. 再冻结   D. 融化

12. 领导方式应针对领导者、被领导者及其环境的不同而有所变化，这是下列哪种理论的基本观点？（　　　）

A. 领导特质理论   B. 人性假设理论

C. 领导方式理论   D. 领导权变理论

13. 小李和小张任职于公司同一部门，工作业绩相同。去年小李得到 8 000 元的年终奖金，他非常高兴。无意间小李得知小张的年终奖却是 10 000 元。霎那间小李由之前的高兴转为疑惑和不满，进而影响工作态度。这种现象可以用下列哪种理论解释？（　　）

    A. 期望理论   B. 公平理论

    C. 归因理论   D. 强化理论

14. 如果一个信息在高层管理者那里的正确性是 100%，经过五级传递，到了信息接收者手里可能只剩下 20% 的正确性。这种信息沟通中的障碍来源于（　　）。

    A. 信息过量   B. 组织文化

    C. 社会环境   D. 组织结构

15. 控制的范围、程度和频度应该恰到好处，管理需要防止控制过多或控制不足，这反映了控制的哪项原则？（　　）

    A. 及时原则   B. 适度原则

    C. 重点原则   D. 弹性原则

二、多项选择题（本大题共 5 小题，每小题 2 分，共 10 分。在每小题列出的备选项中至少有两项是符合题目要求的，请将其选出，错选、多选或少选均无分。）

16. 常用的不确定性决策方法包括（　　）。

    A. 悲观决策法   B. 乐观决策法

    C. 折中决策法   D. 最大最小后悔值法

    E. 同等概率法

17. 计划的方法与技术包括（　　）。

    A. 目标管理   B. 名义群体法

    C. 甘特图   D. 盈亏平衡法

    E. 滚动计划法

18. 组织变革可以是某一方面的改变，也可以是全方位的变化。总的来看，组织变革的内容包括（　　）。

    A. 人员变革   B. 结构变革

C. 技术变革　　　　　　　　D. 组织文化变革

E. 环境变革

19. 在领导生命周期理论中，领导方式的类型包括（　　　）。

A. 放任型　　　　　　　　　B. 命令型

C. 说服型　　　　　　　　　D. 参与型

E. 授权型

20. 组织中最普遍使用的语言沟通方式有（　　　）。

A. 口头沟通　　　　　　　　B. 书面沟通

C. 电子媒介沟通　　　　　　D. 空间距离

E. 身体动作

第Ⅱ部分　非选择题（75分）

三、辨析题（本大题共 5 小题，每小题 4 分，共 20 分。判断正误，并说明理由。）

21. "法约尔跳板"是一种把等级制度与横向信息沟通结合起来"跳板"。

（　　）

22. 技术环境属于企业的具体环境。　　　　　　　　　　　　（　　）

23. 目标管理的基本精神是以自我管理为中心。　　　　　　　（　　）

24. 在组织规模给定的情况下，管理层次与管理幅度之间存在正比关系。

（　　）

25. 根据赫茨伯格的双因素理论，工资属于激励因素。（　　）

四、简答题（本大题共 5 小题，每小题 5 分，共 25 分。）

26. 怎样理解管理的概念？

27. 简述组织设计的影响因素。

28. 简述勒温的三种基本领导风格。

29. 简述沟通的原则。

30. 简述决策的影响因素。

五、案例分析题（本大题共 2 小题，每小题 15 分，共 30 分。）

31. 案例：

食品安全问题一直是社会管理的热点问题。2004 年 5 月，某市部分儿童因食用了劣质奶粉，出现了营养不良综合征，相继住进了医院，其中，13 个别儿童出现并发症不治身亡。该事件发生后，一些省市也先后查出了类似的劣质奶粉。相关部门对该事件展开了详细调查，严肃地处理了事件责任人。类似的事件还有如相继发现的假酒、假药、毒米、毒菜等问题，可以看到，假冒伪劣商品就在我们身边。

针对这种情况，我们仅仅依靠行政、法律等强制性约束措施难以消除企业生产假冒伪劣商品的行为。我们还需要强化媒体和社会监督机构的有效监督，也更需要企业增强管理道德和社会责任意识，加强自律，从根本上消除假冒伪劣商品存在的土壤，保障人民生活安全。

问题：

（1）什么是企业的社会责任？社会责任的具体表现是什么？

（2）结合案例，谈谈你对企业社会责任的看法。

32. 案例：

李宏今年四十岁。回首这十几年的奋斗历程，他很为自己早年艰苦而自强不息的日子感叹。当初，李宏还没有稳定的工作便组建家庭，妻子也还在待业之中，二人仅有父母留下的一栋破旧的平房，常常为生计发愁。后来，李宏在某企业找到了一份固定的工作，由于工作积极努力，表现突出，很快被提拔为工段长，不久又升任车间主任。两年前，李宏被任命为公司的生产部经理，收入相当可观，他为自己取得的成绩感到骄傲和自豪。

由于市场竞争的不断加剧，李宏所在的公司缺乏应有的竞争力，致使效益出现下滑。作为生产部经理，李宏近期进行了深入的市场调研，对生产、销售状况做出了详细的分析，并在此基础上提出了一些切实可行的方案，如变革现行的组织方式，使各职能部门能统筹考虑产品的生产、销售及研发等，增强企业的活力和创新能力，通过开发新产品提高企业的竞争力。但所有这些方案均没有得到公司领导的认可，这极大地影响了他的工作积极性。李宏开始认为自己在公司已经不被重视，在考虑是否应该跳槽。

问题：

（1）什么是需要层次理论？请运用该理论对李宏的个人需要进行分析。

（2）作为管理者，你认为应如何对李宏进行激励？

全国高等教育自学考试
管理学原理（中级）模拟试卷（六）
参考答案

（课程代码 13683）

一、单项选择题（本大题共 15 小题，每小题 1 分，共 15 分。）

1. A   2. C   3. B   4. C   5. C   6. B   7. A   8. A

9. B   10. A   11. D   12. D   13. B   14. D   15. B

二、多项选择题（本大题共 5 小题，每小题 2 分，共 10 分。）

16. ABCDE   17. ACE   18. ABCD   19. BCDE   20. ABC

三、辨析题（本大题共 5 小题，每小题 4 分，共 20 分。）

21. 判断：正确。

22. 判断：错误。

理由：技术环境属于企业的一般环境。

23. 判断：正确。

24. 判断：错误。

理由：在组织规模给定的情况下，管理层次与管理幅度之间存在反比关系。

25. 判断：错误。

理由：根据赫茨伯格的双因素理论，工资属于保健因素。

四、简答题（本大题共 5 小题，每小题 5 分，共 25 分。）

26. 答：①管理是对组织的管理，组织是管理的载体；②管理是一项有目的的活动，即为了实现组织的目标；③管理是由一系列活动构成的；④管理是一种追求有效的过程；⑤管理的性质是协调。

27. 答：环境、战略、技术、规模、发展阶段。

28. 答：独裁式领导、民主式领导、放任式领导。

29. 答：尊重的原则、相容原则、理解原则。

30. 答：

（1）环境因素：环境因素影响组织决策的频率、内容等。

（2）组织文化：组织文化影响组织及其成员的行为和行为方式。

（3）决策者的个人因素：决策者的个人因素的能力、经验、个性习惯等影响决策的过程和结果。

（4）时间：时间的约束性也会影响决策过程。

（5）过去的决策：过去的决策问题大多建立在过去决策的基础上的，因此过去决策总会影响现在的决策。

五、案例分析题（本大题共 2 小题，每小题 15 分，共 30 分。）

31. 答：（1）企业社会责任是各企业在创造利润、对股东负责的同时，还要承担对员工、消费者、社会和环境的社会责任。

社会责任具体表现在对雇员的责任、对顾客的责任、对竞争对手的责任、对环境的责任和对社会发展的责任。

（2）从案例中可以看出，企业必须承担社会责任，特别是对顾客的责任，必须为顾客提供安全的食品、正确的产品信息、售后服务、必要的指导以及赋予顾客自主选择的权利。

企业承担社会责任，短期内无疑会增加经营成本而降低其竞争力，但长期来看，企业必将通过承担社会责任，树立良好的公众形象，建立高度的社会公众信任感，吸引更多的消费者群体，从而使企业拥有很好的发展环境，获取一种新的竞争力。

32. 答：（1）马斯洛认为人类的多种需要分为五个层次。从高到低依次为生理需要、安全需要、社交需要、尊重需要和自我实现的需要。

根据马斯洛的需要层次理论，李宏早期主导需要更多表现为生理需要、安全需要，当这两种需要基本满足后，他的需要更多表现为尊重需要和自我实现的需要。

（2）从案例中可知，生产部经理的李宏收入可观，基本生存需要得到了满足。目前，他更多地把注意力放在工作上，表明李宏的尊重需要和自我实现的需要较为强烈，管理者可以通过工作认可、成绩肯定、授予更多责任、赋予更具挑战性的工作和发展机会等方式来激励他，从而最大限度地发挥李宏的才干。

全国高等教育自学考试
管理学原理（中级）模拟试卷（七）

（课程代码　13683）

第 I 部分　选择题（25 分）

一、单项选择题（本大题共 15 小题，每小题 1 分，共 15 分。在每小题列出的四个备选项中只有一个是符合题目要求的，请将其代码填写在题后的括号内。错选、多选或未选均无分。）

1. 生产车间的班组长、医院内科的护士长属于组织的（　　）。
   - A. 高层管理者
   - B. 中层管理者
   - C. 基层管理者
   - D. 综合管理者

2. 提出"经济人"观点的是（　　）。
   - A. 亚当·斯密
   - B. 梅奥
   - C. 西蒙
   - D. 亨利·法约尔

3. 我国提出的"一带一路"倡议为企业创造了新的机遇。对企业而言，这一倡议属于外部环境因素中的（　　）。
   - A. 政治因素
   - B. 经济因素
   - C. 社会因素
   - D. 技术因素

4. 管理道德会随着管理的变化和发展而不断改变自己的内容和形式。这反映了管理道德的（　　）。
   - A. 普遍性
   - B. 特殊性

    C. 非强制性   D. 典型试验

5. 从各种可供选择的方案中，权衡利弊，选择其一。这是决策程序中的
（   ）。

    A. 确定目标   B. 拟定可行方案

    C. 方案选优   D. 典型试验

6. 指明组织机构在社会上应起的作用和所处的地位的计划类型是 （   ）。

    A. 战略   B. 程序

    C. 规则   D. 宗旨

7. 在组织规模一定的条件下，管理层次与管理幅度是 （   ）。

    A. 正比关系   B. 反比关系

    C. 同比关系   D. 无关系

8. 职能部门对业务部门所拥有的职权是 （   ）。

    A. 直线权   B. 职能权

    C. 个人影响权   D. 参谋权

9. "人尽其才，物尽其用"。这体现了人员配备的 （   ）。

    A. 因事择人原则   B. 因才适用原则

    C. 动态平衡原则   D. 专业化分工原则

10. 在组织变革中，权力与利益等资源在组织成员之间的重新分配属于
（   ）。

    A. 人员变革   B. 技术变革

    C. 结构变革   D. 组织文化变革

11. 拥有较多专门知识和特殊技能的领导往往会赢得人们的尊敬，并产生一定
的影响力。这种影响力源于 （   ）。

    A. 法定权   B. 奖赏权

    C. 强制权   D. 专长权

12. 激励过程的起点是 （   ）。

    A. 需要   B. 动机

    C. 行为   D. 目标

13. 按照双因素理论，以下属于激励因素的 （   ）。

    A. 监督方式   B. 工作条件

    C. 工作成就   D. 安全

14. 企业设置员工意见箱、信访日等属于（　　）。

    A. 下行沟通　　　　　　　　　B. 上行沟通

    C. 平行沟通　　　　　　　　　D. 斜向沟通

15. 为了生产出高质量的产品而对原材料进行入库检查。这种控制属于（　　）。

    A. 反馈控制　　　　　　　　　B. 现场控制

    C. 前馈控制　　　　　　　　　D. 直接控制

二、多项选择题（本大题共 5 小题，每小题 2 分，共 10 分。在每小题列出的备选项中至少有两项是符合题目要求的，请将其选出，错选、多选或少选均无分。）

16. 影响决策的因素主要有（　　）。

    A. 环境因素　　　　　　　　　B. 组织文化

    C. 决策者的个人因素　　　　　D. 时间因素

    E. 过去的决策

17. 计划工作的主要原理有（　　）。

    A. 限定因素原理　　　　　　　B. 许诺原理

    C. 稳定性原理　　　　　　　　D. 灵活性原理

    E. 改变航道原理

18. 部门划分的标准有（　　）。

    A. 职能　　　　　　　　　　　B. 产品

    C. 地区　　　　　　　　　　　D. 顾客

    E. 流程

19. 沟通网络的形态包括（　　）。

    A. 链式沟通　　　　　　　　　B. 轮式沟通

    C. Y 式沟通　　　　　　　　　D. 环式沟通

    E. 全通道式沟通

20. 控制的过程包括（　　）。

    A. 确立标准　　　　　　　　　B. 信息采集

    C. 衡量绩效　　　　　　　　　D. 纠正偏差

    E. 及时反馈

第Ⅱ部分　非选择题（75分）

三、辨析题（本大题共5小题，每小题4分，共20分。判断正误，并说明理由。）

21. 管理主要适用于营利性组织。　　　　　　　　　　（　　）

22. 良好的文化设施、工作环境是组织文化的核心和灵魂。　（　　）

23. 战略决策就是程序化决策。　　　　　　　　　　　（　　）

24. 人员配备的主要任务就是谋求人与事的最佳组合。　（　　）

25. 沟通是保证决策科学的基本前提。　　　　　　　　（　　）

四、简答题（本大题共 5 小题，每小题 5 分，共 25 分。）

26. 简述管理活动的特点。

27. 简述目标管理的特点。

28. 简述授权的要求。

29. 简述领导活动的基本特征。

30. 结合实际简述组织与环境的关系。

五、案例分析题（本大题共 2 小题，每小题 15 分，共 30 分。）

31. 案例：

A 公司是一家生产合成纤维产品氨纶的化纤公司，由于产品质量好，产品供不应求，其经济效益不断提高，该公司也成为当地纳税大户，几乎每年都得到上级部门和国家相关部门的表彰。公司自生产线投产以来，虽安装了环保设施，但环保设施投入使用后出现泄漏现象，环保质量不过关，导致在生产过程中分离出来的氰酸和乙氰酸无法及时处理，只能排放到污水沟。氰酸的毒性较大，在土壤中需要上万年才可能分解。为此，环保部门已经给 A 公司提出了黄牌警告，限令其半年内达标，否则需要停产整顿甚至关闭企业。面对这种情况，公司领导认为自己企业是当地的纳税大户，产品深受用户欢迎，公司又备受上级领导重视，停产关闭只是说说而已，故对黄牌警告重视不够，也未采取得力措施，到黄牌期限后环保仍未达标，于是，环保部门下达了停产关闭令。针对公司的这一做法，公司内外议论纷纷。

问题：

（1）依据社会经济观，企业应承担的社会责任是什么？具体体现有哪些？

（2）请从企业社会责任的角度，对该公司的做法进行评述。

32. 案例：

某公司总裁赵强向一位专家请教：我每天需要处理大量的事务，如何才能更好地提高工作效率？专家建议：请写下你每天计划要做的工作，按照每件工作对公司的重要性进行排序并用数字标注。赵强用了几分钟就完成了这件事，然后说："这事太简单了，我每天都会做这样的安排，但是，很多事都不能如愿完成。"专家又建议：为了完成你的各项计划，从现在开始，你需要做一些改变，即在你的每项计划后面明确标注要完成的工作、工作目的、执行计划的人、需要的时间与地点、采取的方式等。然后，对每天计划要做的工作按重要性进行排序，第一位的任务必须严格执行直至完成，依此类推进行后面的工作，直到下班为止。如果能持之以恒，你一定会发现成效惊人。赵强听取了专家的建议，并认真执行，一个月后，公司业绩有了明显提高。

问题：

（1）什么是管理的计划职能？结合案例分析计划的内容包括哪些？

（2）你认为计划的作用是什么？

全国高等教育自学考试
管理学原理（中级）模拟试卷（七）
参考答案

（课程代码 13683）

一、单项选择题（本大题共15小题，每小题1分，共15分。）

1. C   2. A   3. A   4. D   5. C   6. D   7. B   8. D

9. B   10. A   11. D   12. A   13. C   14. B   15. C

二、多项选择题（本大题共5小题，每小题2分，共10分。）

16. ABCDE   17. ABDE   18. ABCDE   19. ABCDE   20. ACD

三、辨析题（本大题共5小题，每小题4分，共20分。）

21. 判断：错误。

理由：管理普遍适用于任何类型的组织。

22. 判断：错误。

理由：良好的文化设施、工作环境显现组织文化的象征层。（或者：理念层是组织文化的核心和灵魂。）

23. 判断：错误。

理由：战略决策一般是非程序化决策。

24. 判断：正确。

25. 判断：正确。

四、简答题（本大题共 5 小题，每小题 5 分，共 25 分。）

26. 答：

管理活动的特点是相对于作业活动而言的，具体表现为：

（1）管理活动的范围更广，它不仅贯穿于作业活动的始终，而且包括作业活动之前的调研、之后的经验教训和总结等。

（2）管理活动承担更多的责任，不仅对管理者自己的行为负责，还要对作业人员的行为承担一定的责任。

（3）管理人员的本职工作是管理活动而非作业活动。

（评分参考）观点接近酌情给分。

27. 答：①员工参与管理；②以自我管理为中心；③强调自我评价；④重视成果。

28. 答：①明确职责；②根据预期成果授权；③授权对象合适；④有顺畅的沟通渠道；⑤有适当的控制。

29. 答：

（1）权力：领导的核心是权力，即影响他人的能力与控制力。

（2）责任：责任必须与权力对等，否则就会滥用职权。

（3）服务：强调拥有对被领导者、公司、组织等各方的服务观念。

（评分参考）其他合理答案亦可酌情给分。

30. 答：

组织与环境的关系如下：

（1）环境对组织的影响：①环境是组织赖以生存的土壤；②外部环境影响着组织内部的各种管理工作；③环境制约组织的管理过程和管理效率。

（2）组织对环境的影响：①适应环境，改变自己当环境变化时，组织需要调整策略以适应新环境；②影响环境，即通过改变给组织带来麻烦的要素，以改变环境；③选择新环境。

（3）结合实际。

（评分参考）其他合理答案亦可酌情给分。

五、案例分析题（本大题共 2 小题，每小题 15 分，共 30 分。）

31. 答：（1）依据社会经济观，企业应承担的社会责任是企业在创造利润、对股东利益负责的同时，还要承担对员工、消费者、社区和环境的社会责任。具体表现为：对雇员、顾客、竞争对手、环境、社会发展等的责任。

（2）A公司作为一家生产合成纤维产品氨纶的化纤公司，除了在创造利润、对股东利益负责的同时，还要承担对员工、消费者、社区和环境的社会责任，遵守国家环保的各项要求。确保产品生产对社会环境不造成危害是其必须要履行的社会责任。从案例中看出，公司没有尽到应有的责任。企业需要全面强化社会责任意识。

（评分参考）其他合理答案亦可酌情给分。

32. 答：（1）管理中的计划就是明确管理的总体目标和各分支目标，并围绕这些目标对未来活动的具体行动任务、行动路线、行动方式、行动规则等进行规划、选择、筹谋的活动。依据案例资料，即"每项计划后面要明确注明所要完成的工作、工作目的、执行计划的人、需要的时间与地点、采取的方式等"，可以概括出计划的内容包括5W1H，其中what是"做什么"，即明确计划和内容；why是"为什么做"，即加以论证；when是"何时做"，即规定计划中各项工作的进度；where是"何地做"，即规定计划的实施地点和场所；who"谁去做"，即明确规定每个阶段计划目标的责任人；how是"怎么做"，即制定实现计划的措施。

（2）计划的作用主要有：①有利于明确工作目标，提高工作效率；②有利于增强管理的预见性，规避风险；③有利于减少浪费，取得最佳经济效益；④有利于控制工作的开展。

（评分参考）其他合理答案亦可酌情给分。

全国高等教育自学考试
管理学原理（中级）模拟试卷（八）

（课程代码　13683）

第Ⅰ部分　选择题（25分）

一、单项选择题（本大题共15小题，每小题1分，共15分。在每小题列出的四个备选项中只有一个是符合题目要求的，请将其代码填写在题后的括号内。错选、多选或未选均无分。）

1. 当管理者参加社会活动、宴请重要客人、带领有关领导参观企业时，他们所扮演的角色是（　　）。

　　A. 信息传递角色　　　　　　　　B. 谈判角色

　　C. 资源分配角色　　　　　　　　D. 人际角色

2. 提出"分工协作原理"的是（　　）。

　　A. 亚当·斯密　　　　　　　　　B. 弗雷德里克·泰勒

　　C. 亨利·法约尔　　　　　　　　D. 马克斯·韦伯

3. 百度的搜索引擎，阿里的淘宝网，腾讯的微信平台等改变了人们的生活方式。这是下列哪种因素的作用结果？（　　）

　　A. 政治因素　　　　　　　　　　B. 经济因素

　　C. 社会因素　　　　　　　　　　D. 技术因素

4. 管理道德所调整的关系是管理关系，规范的行为是管理行为。这体现了管理道德特征的（　　）。

A. 普遍性 　　　　　　　　　B. 特殊性

C. 非强制性 　　　　　　　　D. 变动性

5. 超级市场对日用品和小食品采购数量及采购周期的决策属于（　　）。

A. 业务决策 　　　　　　　　B. 战术决策

C. 战略决策 　　　　　　　　D. 非程序性决策

6. 企业制订计划时要留有余地，使计划能够灵活地适应变化的客观环境。这是计划特点的（　　）。

A. 目的性 　　　　　　　　　B. 普遍性

C. 适应性 　　　　　　　　　D. 首位性

7. 集体决策、集体行动、集体工作、地位平等，依据"少数服从多数的原则"进行决策的组织结构是（　　）。

A. 委员会制 　　　　　　　　B. 事业部制

C. 直线制 　　　　　　　　　D. 直线职能制

8. 下列关于外部招聘的缺点，表述正确的是（　　）。

A. 来源局限，水平有限 　　　B. 不利创新

C. 内部竞争，引起同事不满 　D. 缺乏对企业的忠诚

9. 乙企业由最初的 500 人发展为现在的 5 000 多人，其经营范围也相应扩大。由此，企业从部门设计、层次划分、权力分配等方面进行了变革。这种变革属于（　　）。

A. 人员变革 　　　　　　　　B. 结构变革

C. 技术变革 　　　　　　　　D. 组织文化变革

10. 李刚从公司经理的职位退下来后，常抱怨"人走茶凉"。这反映了他过去在公司中的影响力主要来源于（　　）。

A. 专长权 　　　　　　　　　B. 个人影响权

C. 法定权 　　　　　　　　　D. 奖赏权

11. 近代晋商对经营管理人员和业务人员给予银股和身股的股份激励。这种激励是（　　）。

A. 目标激励 　　　　　　　　B. 任务激励

C. 物质利益激励 　　　　　　D. 荣誉激励

12. 在公司召开的一次会议上，李总对销售部经理几次举手要发言的行为不予理睬，之后销售经理不再举手发言。李总对销售部经理的做法属于强化

理论的（　　）。

A. 正强化   B. 负强化

C. 惩罚   D. 自然消退

13. 在一次广告策划会上，与会人员畅所欲言，广开思路，提出了各种方案。从沟通角度讲，这属于（　　）。

A. 链式沟通   B. 全通道式沟通

C. 轮式沟通   D. Y 式沟通

14. 某公司向全体员工公布了产品质量报告，并提出了整改意见，下发到各部门要求执行。从沟通角度讲，这属于（　　）。

A. 口头沟通   B. 书面沟通

C. 非语言沟通   D. 上行沟通

15. 企业的销售预算、生产预算、材料采购预算等属于（　　）。

A. 运营预算   B. 投资预算

C. 财务预算   D. 零基预算

二、多项选择题（本大题共 5 小题，每小题 2 分，共 10 分。在每小题列出的五个备选项中至少有两个是符合题目要求的，请将其代码填写在题后的括号内。错选、多选、少选或未选均无分。）

16. 按照决策主体的不同，决策可分为（　　）。

A. 确定型决策   B. 风险型决策

C. 个人决策   D. 群体决策

E. 不确定型决策

17. 目标管理是美国著名管理学家德鲁克首先提出来的，其主要特点有（　　）。

A. 上级制定目标   B. 员工参与管理

C. 以自我管理为中心   D. 强调自我评价

E. 重视评价成果

18. 在组织设计中，按地区划分部门，其优点包括（　　）。

A. 对地区环境变化反应迅速   B. 地区内活动容易协调

C. 便于对绩效进行测评   D. 有利于培养综合管理者

E. 有利于总部进行协调

19. 组织变革的目标包括（　　）。

    A. 使管理更具强制性　　　　　　　　B. 使组织更具环境适应性

    C. 使管理者更具环境适应性　　　　　D. 使员工更具环境适应性

    E. 使组织规模进一步扩大

20. 有效控制应遵循的原则包括（　　）。

    A. 及时性原则　　　　　　　　　　　B. 适度性原则

    C. 重点原则　　　　　　　　　　　　D. 主观性原则

    F. 经济性原则

第Ⅱ部分　非选择题（75分）

三、辨析题（本大题共5小题，每小题4分，共20分。判断正误，并说明理由。）

21. 管理产生于欲望无限性和资源有限性之间矛盾的协调。　　　　　　　　（　　）

22. 企业文化一经形成就不会改变。　　　　　　　　　　　　　　　　　（　　）

23. 管理者素质越高，其管理的人就应该越少，管理幅度就越小。　　　　（　　）

24. 人员配备的任务是保证人得其位，因人设岗。　　　　　　　（　　）

25. 沟通最重要的前提是有一个明确的目标。　　　　　　　　　（　　）

四、简答题（本大题共 5 小题，每小题 5 分，共 25 分。）

26. 简述管理的职能。

27. 简述企业对顾客应承担的社会责任。

28. 简述滚动计划法的概念及优点。

29. 简述归因理论的基本思想。

30. 简述控制的必要性。

五、案例分析题（本大题共 2 小题，每小题 15 分，共 30 分。）

31. 案例：

刘刚大学毕业后进入一家机电公司工作，他刻苦努力、认真钻研专业技术，很快成为公司的技术能手。三年后因工作表现优秀被任命为车间生产督察，主要负责日常的作业管理工作。几年前，公司购置了一些新设备，引进了新技术，生产工艺也进行了相应调整。为适应这种新的变化，刘刚不断地学习新设备的操作规程并不断研究新技术，主动到其他工厂学习新的经验，结合生产督察工作的实际情况，对公司原有的装配工作手册进行了修订，使新引进的设备和技术很快得到推广与应用，取得了较好的工作效果。很快，刘刚被提升为生产部经理。

最近，公司负责规划工作的副总裁离职，刘刚积极参与了竞聘，并在五名竞争者中脱颖而出，正式成为负责规划工作的副总裁。刘刚深知几年来自己积累的更多的是基层管理经验，而从战略层面上对企业进行总体规划、把握公司发展关键影响因素的经验与能力还远远不足。因此，未来面临的挑战还非常大，自己需要更加努力地学习与工作，进一步提高自己的各项管理技能。

问题：

（1）管理者需要具备的三种技能是什么？请简述各技能的内涵。

（2）刘刚升任副总裁后，与之前的职务相比，对其管理技能的要求发生了什么变化？你认为刘刚如何更好地胜任该项工作？

32. 案例：

H公司一直致力于电子产品的生产，市场销路非常好。但是近几年产品出现了滞销，销售收入明显下降。

公司生产部经理李雷是退伍军人出身，做事雷厉风行、工作严谨，对下属要求严格。他所有的决策都要求下属不折不扣地执行，对下属的意见和建议极少关注。

张胜是公司销售部门的经理，业务知识渊博、经验丰富，对工作非常关心，也很关注工作成果。同时，他关心下属、待人热情，对员工在工作、生活中碰到的各类问题和困难总是给予及时的帮助，得到了员工的认可和尊敬。在张胜的带领下，员工工作热情高，积极协作，产品销售有了明显的提高，市场占有率也不断提升。

问题：

（1）依据勒温的领导风格理论，分析李雷的领导风格属于哪一种？其有何特点？

（2）依据管理方格理论，对张胜经理的领导方式进行分析。

全国高等教育自学考试
管理学原理（中级）模拟试卷（八）
参考答案

（课程代码　13683）

一、单项选择题（本大题共 15 小题，每小题 1 分，共 15 分。）

1. D　　　2. A　　　3. D　　　4. B　　　5. A　　　6. C　　　7. A　　　8. D

9. B　　　10. C　　　11. C　　　12. D　　　13. B　　　14. B　　　15. A

二、多项选择题（本大题共 5 小题，每小题 2 分，共 10 分。）

16. CD　　　　17. BCDE　　　　18. ABCD　　　　19. BCD　　　　20. ABCE

三、辨析题（本大题共 5 小题，每小题 4 分，共 20 分。）

21. 判断：正确。

22. 判断：错误。

理由：组织文化具有相对稳定性，要随着环境的变化而变化。

23. 判断：错误。

理由：在其他条件相同的情况下，管理者素质越高，其管理的人就越多，管理幅度就越大。

24. 判断：错误。

理由：人员配备的任务是保证位得其人，因事择人。

25. 判断：正确。

四、简答题 （本大题共 5 小题，每小题 5 分，共 25 分。）

26. 答：管理职能是管理者在管理过程中从事的活动。一般包括计划、组织、领导和控制。

①计划是对组织未来活动进行的预先筹划和安排；②组织是为了完成计划而对分工协作关系所做的整体安排；③领导是指挥和影响下属为实现组织目标而努力工作的过程；④控制是为了保证组织按预定要求运作而进行的一系列监督检查工作。

27. 答：①提供安全的产品；②提供正确的产品信息；③提供售后服务；④提供必要的指导；⑤赋予顾客自主选择的权利。

28. 答：滚动计划法是一种定期修订未来计划的方法，是按照计划的执行情况和环境变化，调整和修订未来的计划，并逐期向前移动的一种计划方法，是一种动态编制计划的方法。

滚动计划法的优点：①把计划期内各阶段以及下一个时期的预先安排有机地衔接起来；②较好地解决了计划的相对稳定性和实际情况的多变性这一矛盾。

29. 答：归因理论认为，人们对过去的成功与失败，一般会有四种归因：努力、能力、任务难度和机遇。

这四种因素又可按内外因、稳定性和可控性进一步分类：

（1）从内外因方面看，努力和能力属于内因，任务难度和机遇属于外因。

（2）从稳定性方面看，能力和任务难度属于稳定性因素，努力和机遇属于不稳定因素。

（3）从可控性方面看，能力和努力是可控因素，任务难度和机遇是个人不能控制的。

30. 答：（1）从狭义讲，控制就是指"纠偏"，即按照计划标准衡量计划的完成情况，针对出现的偏差情况采取纠正措施，以确保计划得以顺利实现。（或答：从广义概念讲，控制并不仅限于"纠偏"，同时还包含着在必要时修改计划标准，以使计划更加适合于实际情况。）

（2）控制的必要性表现为：①环境的复杂多变；②组织中管理权力的分散；③员工工作能力的差异。

（3）举例说明。

（评分参考）其他合理答案亦可酌情给分。

五、案例分析题（本大题共 2 小题，每小题 15 分，共 30 分。）

31. 答：（1）管理者需要具备技术技能、人际技能、概念技能三种技能。

技术技能：管理者掌握和熟悉特定专业领域的程序、技术、知识和方法完成组织任务的能力。

人际技能：与处理人际关系有关的能力。

概念技能：管理者纵观全局、洞察企业与环境要素间相互影响和作用的能力。

（2）不同层次的管理者对于管理技能要求的程度不同。一般来说，高层管理者更强调概念技能，中层管理者人际技能较重要，而基层管理者技术技能更突出。案例中，刘刚经历了由生产督察基层管理者，到生产部经理中层管理者，再到公司副总裁高层管理者的变迁，其管理技能侧重点也相应的由技术技能到人际技能，再到概念技能的转换。刘刚要想胜任目前的工作，并成为有效的管理者，必须提高其概念技能，即需要具有纵观全局、洞察企业与环境要素间相互影响和作用的技能。

（评分参考）其他合理答案亦可酌情给分。

32. 答：（1）勒温的领导风格理论提出了三种领导风格，分别是独裁式领导、民主式领导和放任式领导。依据案例，李雷经理对所有的决策总是要求下属不折不扣地执行，对下属的意见和建议极少关注，说明他采取了独裁式领导方式。

该领导风格具有以下特点：①个人独断专行，从不考虑别人的意见，下级只能服从；②主要依靠行政命令、纪律约束，很少或只有偶尔的奖励。

（2）管理方格理论提出了 1.1 型、9.1 型、1.9 型、5.5 型和 9.9 型的领导类型。案例中，张胜经理注重工作成果，能够关心下属，销售部门的工作业绩也完成得很好，由此可以看出他采取了 9.9 型即团队型领导方式。

（评分参考）其他合理答案亦可酌情给分。

全国高等教育自学考试
管理学原理（中级）模拟试卷（九）

（课程代码　13683）

第Ⅰ部分　选择题（25分）

一、单项选择题（本大题共15小题，每小题1分，共15分。在每小题列出的四个备选项中只有一个是符合题目要求的，请将其代码填写在题后的括号内。错选、多选或未选均无分。）

1. 古典管理理论研究的核心问题是（　　）。

    A. 提高经济效益　　　　　　　　B. 提高生产效率

    C. 提高员工的满意度　　　　　　D. 提高市场占有率

2. 在西藏地区的越野车市场中，某越野车品牌因其标识形似牛头而广受欢迎。这主要是下列哪种环境因素的影响？（　　）

    A. 经济环境　　　　　　　　　　B. 政治环境

    C. 社会环境　　　　　　　　　　D. 技术环境

3. 凡是对自己有利的行为就是道德的，对自己不利的行为就是不道德的。这种认识是管理道德发展阶段的（　　）。

    A. 前惯例层次　　　　　　　　　B. 惯例层次

    C. 后惯例层次　　　　　　　　　D. 原则层次

4. 某公司为进一步开拓手机市场，邀请相关专家聚集在一起畅所欲言，寻求多样化的决策思路和方案。这是决策方法中的（　　）。

    A. 德尔菲法   B. 头脑风暴法

    C. 名义群体法   D. 电子会议

5. 在制订计划时，那种既不考虑"投入"，又不考虑"产出"的做法是完全错误的。这体现了计划的（   ）。

    A. 目的性   B. 普遍性

    C. 适应性   D. 经济性

6. 某汽车公司设有小汽车部门、中型车部门、工程车部门等。这种部门划分的依据是（   ）。

    A. 职能   B. 产品

    C. 流程   D. 地区

7. 某公司规定对新入职的大学生要进行为期一个月的培训，主要内容包括企业文化及相关专业知识等，培训合格方能正式上岗。这种培训方式属于（   ）。

    A. 岗前培训   B. 在职培训

    C. 脱产培训   D. 离职培训

8. 对组织所使用的技术、工艺、方法等方面进行的变革是（   ）。

    A. 人员变革   B. 结构变革

    C. 技术变革   D. 组织文化变革

9. 某企业向社会公开招聘总经理，提出了责任感、事业心、意志力、创造性等任职要求。对总经理的这些要求可以用下列哪种理论来解释？（   ）

    A. 领导权变理论   B. 领导行为理论

    C. 领导特质理论   D. 人性假设理论

10. 根据领导生命周期理论，对高度成熟的下属，应当采取的领导方式是（   ）。

    A. 命令型   B. 说服型

    C. 参与型   D. 授权型

11. 依据马斯洛需要层次理论，人与人之间的友谊、忠诚、爱情等属于（   ）。

    A. 生理需要   B. 安全需要

    C. 社交需要   D. 自我实现需要

12. 奖金、表扬、成绩认可等属于强化中的（   ）。

    A. 正强化   B. 负强化

C. 惩罚 　　　　　　　　　D. 自然消退

13. 古人云"以诚感人者，人亦诚而应"。这体现了沟通的（　　　）。

　　A. 尊重原则　　　　　　　B. 相容原则

　　C. 理解原则　　　　　　　D. 预测原则

14. 员工就产品质量问题向主管领导汇报。这种沟通属于（　　　）。

　　A. 平行沟通　　　　　　　B. 斜向沟通

　　C. 下行沟通　　　　　　　D. 上行沟通

15. 对活动中的人和事进行指导和监督的控制是（　　　）。

　　A. 前馈控制　　　　　　　B. 现场控制

　　C. 反馈控制　　　　　　　D. 成果控制

二、多项选择题（本大题共 5 小题，每小题 2 分，共 10 分。在每小题列出的五个备选项中至少有两个是符合题目要求的，请将其代码填写在题后的括号内。错选、多选、少选或未选均无分。）

16. 法约尔一般管理理论的主要思想包括（　　　）。

　　A. 经营与管理的区别　　　B. 管理的五要素

　　C. 管理的十四条原则　　　D. 差别计件工资制

　　E. 例外原则

17. 下列属于决策原则的有（　　　）。

　　A. 信息原则　　　　　　　B. 可行性原则

　　C. 系统原则　　　　　　　D. 对比择优原则

　　E. 反馈原则

18. 企业的基本战略主要包括（　　　）。

　　A. 总成本领先战略　　　　B. 差别化战略

　　C. 集中战略　　　　　　　D. 一体化战略

　　E. 多元化战略

19. 领导者影响力的来源包括（　　　）。

　　A. 法定权　　　　　　　　B. 奖赏权

　　C. 强制权　　　　　　　　D. 专长权

　　E. 个人影响权

20. 下列属于语言沟通的有（　　　）。

A. 交谈   B. 书面合同
C. 讲座   D. 打电话
E. 手势

第Ⅱ部分　非选择题（75分）

三、辨析题（本大题共5小题，每小题4分，共20分。判断正误，并说明理由。）

21. 供应商、顾客、竞争者属于组织的外部环境。　　　　　　　　（　　）

22. 西蒙的决策理论提出了决策的"满意标准"。　　　　　　　　（　　）

23. 滚动计划法的特点是"分段编制，近粗远细"。　　　　　　　（　　）

24. 领导活动的三要素是领导者、被领导者和环境。　　　　　　　（　　）

25."亡羊补牢"属于前馈控制。 （　　）

四、简答题（本大题共 5 小题，每小题 5 分，共 25 分。）

26. 简述霍桑试验的结论。

27. 企业的社会责任具体体现在哪些方面？

28. 简述人性的四种假设理论。

29. 如何克服沟通的障碍？

30. 一位名人曾说："要使一个单位有活力有生气，激励就是一切。"请就此分析激励的作用，并举例说明。

五、案例分析题（本大题共 2 小题，每小题 15 分，共 30 分。）

31. 案例：

B 啤酒公司从一个年产 1 万吨啤酒的小厂起步，经过 15 年的发展，已成为拥有几十个产品品种、能生产高、中、低档各类产品的大型企业。

B 啤酒公司借鉴国际先进的管理模式建立组织机构，设立了生产部、营销部、市场部、人力资源部、技术质量部、发展部、供应部、企业文化部和办公室等部门。随着公司的进一步发展，公司对组织机构又适时地进行变革。公司在董事长李文的带领下，在一个个生死存亡的关键时刻，放眼未来、纵观全局，作出了一系列正确且富有成效的决策。在公司的经营管理过程中，李文时刻关注着人的作用，不仅重视中高层管理干部队伍的建设，还特别重视普通员工的学习与培训，并建立了有效的绩效考核与激励体系，充分调动了员工的积极性。为保证产品质量，公司制定了严格的产品质量标准，推进事前、事中、事后控制，责任到人，在很大程度上提升了公司产品的质量。目前，李文带领员工，牢记"诚信和善"

的经营理念，按照"质量保生存，开发增活力，销售促生产，管理求效益，培训作保证，改革为动力"的经营方针，酿造优质产品。公司未来的发展目标是：力求在五年之内，产销量提高10%，进入全国啤酒行业前列。

问题：

（1）管理的职能包括哪些?

（2）结合案例，找出对应的管理职能并作简要分析。

32. 案例：

经过多年的发展，T公司规模不断扩大，原有集权管理模式已经不能适应企业的发展，需要进行变革。为此，公司经研究决定实施分权管理模式，并进行了如下变革：一是按产品设立了不同的业务部门，各部门由经理负责，成为独立核算的经营单位；二是公司总部只保留重大事务、重要人事等的决策权，并通过利润指标对经营单位进行管理；三是建立对各业务部门的目标任务考核体系，加强对业务部门的考核与管理。

公司的这种变革，调动了各业务部门的工作积极性、主动性和创造性。但是，随着公司的发展，一些问题也逐渐显现，如：各业务部门总是过于关注自身利益，缺乏对公司整体发展的考虑；在同一地区或城市，重复设置办事处，造成机构重叠；经营权下放到各业务部门后，部分经营者的能力不能适应要求等。如何解决这些新问题，成为摆在公司高层管理者面前的新课题。

问题：

（1）什么是组织的集权与分权？

（2）T公司变革后的组织结构是哪种类型？该种组织结构为T公司带来的好处是什么？还存在哪些不足？

全国高等教育自学考试
管理学原理（中级）模拟试卷（九）
参考答案

（课程代码　13683）

一、单项选择题（本大题共 15 小题，每小题 1 分，共 15 分。）

1. B 　　2. C 　　3. A 　　4. B 　　5. D 　　6. B 　　7. A 　　8. C

9. C 　　10. D 　　11. C 　　12. A 　　13. A 　　14. D 　　15. B

二、多项选择题（本大题共 5 小题，每小题 2 分，共 10 分。）

16. ABC 　　　17. ABCDE 　　　18. ABC 　　　19. ABCDE 　　　20. ABCD

三、辨析题（本大题共 5 小题，每小题 4 分，共 20 分。）

21. 判断：正确。

22. 判断：正确。

23. 判断：错误。

理由：滚动计划法的特点是"分段编制，近细远粗"。

24. 判断：错误。

理由：领导活动的三要素是领导者、被领导者和目标。

25. 判断：错误。

理由："亡羊补牢"属于反馈控制。

四、简答题（本大题共5小题，每小题5分，共25分。）

26. 答：

霍桑试验的结论主要有以下四个：①工人是"社会人"，而非单纯追求金钱收入的"经济人"；②生产率的高低主要取决于工人的态度，即所谓的"士气"；③企业中存在着"非正式组织"；④新型的领导能力就是要平衡在正式组织的经济需求和工人的非正式组织的社会需求之间的矛盾。

27. 答：①对雇员的责任；②对顾客的责任；③对竞争对手的责任；④对环境的责任；⑤对社会发展的责任。

28. 答：①经济人假设；②社会人假设；③自我实现人假设；④复杂人假设。

29. 答：①沟通要有认真的准备和明确的目的性；②沟通内容要确切；③沟通要有诚意；④沟通方式要适合；⑤沟通渠道要拓宽。

30. 答：激励是指激发人的需要与动机，引导行为指向目标的活动过程。简单而言就是调动人的积极性的过程。

（1）通过激励可以把有才能的、组织需要的人吸引过来。

（2）通过激励可以使已经在职的职工最充分地发挥其技术和才能，保证工作的有效性和效率。

（3）通过激励可以进一步激发员工的创造性和革新精神，大大提高工作绩效。

（4）举例说明。

（评分参考）其他合理答案亦可酌情给分。

五、案例分析题（本大题共2小题，每小题15分，共30分。）

31. 答：（1）管理的职能包括计划、组织、领导、控制等。

（2）案例中体现的管理职能：

①计划表现为：为公司未来的发展制定了目标，力求在五年之内，产销量提高10%，进入全国啤酒行业前列。

②组织表现为：建立组织机构，设立了生产部、营销部、市场部、人力资源部、技术质量部、发展部、供应部、企业文化部和公司办公室等部门。随着公司的发展，公司对组织机构又适时地进行变革。

③领导表现为：不仅重视中高层管理干部队伍的建设，还特别重视普通员工的学习与培训，并建立了有效的绩效考核与激励体系。

④控制表现为：制定严格的产品质量标准，推进事前、事中、事后控制，责任到人。

（评分参考）其他合理答案亦可酌情给分。

32. 答：（1）集权即职权的集中化，是指决策权在很大程度上向处于较高管理层次的职位集中的组织状态和组织过程。分权即职权的分散化，是决策权在很大程度上分散到处于较低管理层次的职位上。

（2）公司变革后的组织结构是事业部结构。好处：调动了各业务部门的工作积极性、主动性和创造性。不足：各业务部门总是过于关注自身利益，缺乏对公司整体发展的考虑；在同一地区或城市，重复设置办事处，造成机构重叠；经营权下放到各业务部门后，部分经营者的能力不能适应要求。

（评分参考）其他合理答案亦可酌情给分。

全国高等教育自学考试
管理学原理（中级）模拟试卷（十）

（课程代码 13683）

第 I 部分 选择题（25分）

一、单项选择题（本大题共15小题，每小题1分，共15分。在每小题列出的四个备选项中只有一个是符合题目要求的，请将其代码填写在题后的括号内。错选、多选或未选均无分。）

1. 为完成计划而对组织分工协作关系所做的整体安排属于管理的哪项职能？（　　）

　　A. 计划　　　　　　　　　　B. 组织

　　C. 领导　　　　　　　　　　D. 控制

2. 生产、加工、制造属于企业经营活动的（　　）。

　　A. 管理活动　　　　　　　　B. 商业活动

　　C. 财务活动　　　　　　　　D. 技术活动

3. 2020年国内出台了第一个《网络直播营销行为规范》，是针对网络直播营销中存在的虚假宣传、流量造假等问题的专门规范。该规范属于企业外部环境中的哪个因素？（　　）

　　A. 政治因素　　　　　　　　B. 经济因素

　　C. 技术因素　　　　　　　　D. 社会因素

4. 新冠病毒感染发生后，面对一些医院医用物资短缺的情况，一些企业纷纷解囊相助。这种做法体现了企业的（　　　）。

A. 企业使命   B. 社会责任

C. 团体意识   D. 企业精神

5. 管理者在进行决策时要有整体思想，统筹兼顾，全面安排。这体现的是哪个决策原则的要求？（　　　）

A. 系统原则   B. 信息原则

C. 预测原则   D. 反馈原则

6. 企业通过流水线方式进行大规模生产，使产品价格低于竞争对手。这是下列哪种战略类型的特征？（　　　）

A. 差别化战略   B. 集中化战略

C. 总成本领先战略   D. 紧缩战略

7. 在组织设计中要做到机构简单，人员精干。这体现了组织设计的（　　　）。

A. 目标统一原则   B. 专业化分工原则

C. 统一指挥原则   D. 精简高效原则

8. 人员配备由一系列活动组成，其第一项活动是（　　　）。

A. 人力资源计划   B. 工作分析

C. 培训与发展   D. 绩效考核

9. 某公司通过培训改变员工的认知、工作态度和期望。从组织变革角度讲，这属于（　　　）。

A. 结构变革   B. 技术变革

C. 人员变革   D. 文化变革

10. 王经理在工作中，对生产极为重视，也非常关心员工，且职工关系协调、士气旺盛，能圆满完成企业的生产任务。依据管理方格理论，王经理的领导方式属于（　　　）。

A. 1.1 型   B. 9.1 型

C. 1.9 型   D. 9.9 型

11. 领导者在用人过程中，要做到"因人而异，宜文则文，宜武则武"。这体现了用人的（　　　）。

A. 德才兼备原则   B. 量才任职原则

C. 授权原则   D. 晋升原则

12. 小张因工作业绩突出，获得企业的高额奖金。依据激励的强化理论，这属于（　　）。

  A. 惩罚   B. 自然消退

  C. 正强化   D. 负强化

13. 沟通中常用的迎候语、致谢语等体现了沟通的（　　）。

  A. 理解原则   B. 相容原则

  C. 尊重原则   D. 平等原则

14. 信息是自下而上或自上而下逐级传递，不能越级传递，传递信息的速度很快。这属于（　　）。

  A. 链式沟通   B. 轮式沟通

  C. Y 式沟通   D. 环式沟通

15. 企业库存中，大约有 20% 的物品会占到年度库存总价值的 80%，对这类物品要重点管理。这种库存控制的方法是（　　）。

  A. 经济批量法   B. ABC 分类法

  C. 订货点法   D. 定期补充法

二、多项选择题（本大题共 5 小题，每小题 2 分，共 10 分。在每小题列出的五个备选项中至少有两个是符合题目要求的，请将其代码填写在题后的括号内。错选、多选、少选或未选均无分。）

16. 下列选项中，属于古典管理理论特点的有（　　）。

  A. 以提高生产率为主要目标

  B. 以科学求实的态度进行调查研究

  C. 强调以个人为研究对象

  D. 强调规章制度的作用

  E. 强调跨文化管理

17. 下列属于定性决策方法的有（　　）。

  A. 头脑风暴法   B. 名义群体法

  C. 德尔菲法   D. 乐观决策法

  E. 悲观决策法

18. 战略计划的过程包括（　　）。

  A. 愿景与使命的陈述   B. 战略目标的制定

  C. 战略环境分析   D. 战略选择

  E. 战略计划的实施

19. 领导者的非正式权力包括（　　　　）。

    A. 奖赏权   B. 强制权

    C. 专长权   D. 个人影响权

    E. 法定权

20. 麦克莱兰的成就需要理论提出，人的需要分为（　　　　）。

    A. 生理需要   B. 安全需要

    C. 成就需要   D. 权力需要

    E. 社交需要

第Ⅱ部分　非选择题（75分）

三、辨析题（本大题共5小题，每小题4分，共20分。判断正误，并说明理由。）

21. 管理是组织不可缺少的要素，有组织就需要管理。 （　　　）

22. 战略计划的任务就是描述组织目前的状况。 （　　　）

23. 人员配备的内容就是通过招聘填补人员的空缺。 （　　　）

24. 沟通的效率取决于信息发送者与接受者而与沟通渠道无关。　　（　　）

25. 控制的基本目的就是维持现状。　　（　　）

四、简答题（本大题共 5 小题，每小题 5 分，共 25 分。）

26. 简述管理的含义。

27. 简述组织文化的特征。

28. 组织类型的划分标准有哪些？

29. 简述超 Y 理论的基本观点。

30. 举例阐述决策的地位与作用。

五、案例分析题（本大题共 2 小题，每小题 15 分，共 30 分。）

31. 案例：

H 公司是一家电子产品生产企业。随着公司经营业务的快速拓展，企业规模也在逐渐扩大，非相关性多元化的业务越来越多，公司渐渐出现了"大企业病"，如运作效率不高、经营业绩重数量轻质量，一些员工思想守旧、安于现状、骄傲自满等问题。上任不久的总经理于健意识到了公司存在的这些问题，同时也深切感受到市场竞争日趋激烈。基于此，于健在进行充分准备后发起了组织变革，推出了一系列变革措施：①转变思想观念，倡导建立危机意识；②变革目标，明确公司的目标是向一流企业发展；③变革组织结构，调整公司内部的机构设置与职权关系；等等。变革涉及公司管理的各个方面，其重中之重是组织结构的变革，因此，公司重组了最高权力机构，调整了原来以秘书室为核心的决策模式，设立了战略规划办公室，形成了由董事长、战略规划办公室、总裁团三者组成的决策机制。H 公司将以崭新的面貌迎接挑战。

问题：

（1）组织变革的动因有哪些？促使 H 公司组织变革的动因是什么？

（2）组织变革的内容包括哪些？H 公司组织结构变革的主要内容是什么？

32. 案例：

A 公司是一家主要从事计算机硬件、软件销售业务的公司，经过多年的发展，在当地有了一定的知名度，且占有一定的市场份额。为提高管理效率，促进公司的进一步发展，公司推行新的员工激励方法——目标激励，主要做法是根据公司设立第二年销售额翻倍的目标，自上而下为每一位员工设立任务翻倍的目标，并以目标完成情况对员工进行奖励。对超额完成目标的员工，有大额提成，其收入会大幅度提高，而对不能完成目标的员工没有提成。新方法实施后，员工发现，一方面，由于市场竞争加剧，公司产品优势逐渐丧失，销售量在下降；同时销售人员的增加，导致每位销售人员所拥有的潜在"蛋糕"变小。另一方面，公司的资金实力、内部管理、配套服务也跟不上发展的需要。为此，员工中几乎没人有信心完成两倍于上一年的销售目标。该办法实施一年后，全公司没有一个人得到高额提成，核心销售人员流失殆尽，公司面临严重问题。

问题：

（1）激励的方法包括哪些？A 公司目标激励的内容是什么？

（2）目标激励的基本要求是什么？结合该要求对 A 公司的目标激励进行分析。

全国高等教育自学考试
管理学原理（中级）模拟试卷（十）
参考答案

（课程代码　13683）

一、**单项选择题**（本大题共 15 小题，每小题 1 分，共 15 分。）

1. B　　　2. D　　　3. A　　　4. B　　　5. A　　　6. C　　　7. D　　　8. A

9. C　　　10. D　　　11. B　　　12. C　　　13. C　　　14. A　　　15. B

二、**多项选择题**（本大题共 5 小题，每小题 2 分，共 10 分。）

16. ABCD　　　17. ABC　　　18. ABCDE　　　19. CD　　　20. CDE

三、**辨析题**（本大题共 5 小题，每小题 4 分，共 20 分。）

21. 判断：正确。

22. 判断：错误。

理由：战略计划的任务就是描述组织未来组织发展的。

23. 判断：错误。

理由：人员配备的内容包括招聘、甄选、培训、绩效考核。

24. 判断：错误。

理由：沟通的效率与信息发送者、接受者、沟通渠道、信息内容都有关系。

25. 判断：正确。

四、简答题（本大题共 5 小题，每小题 5 分，共 25 分。）

26. 答：

管理的含义包括以下内容：①管理是对组织的管理，组织是管理的载体；②管理是一项有目的的活动，管理的目的是实现组织目标；③管理是由一系列活动构成的；④管理是一个追求有效的过程；⑤管理的实质是协调。

（评分参考）观点接近可酌情给分。

27. 答：

组织文化具有以下几个特征：

①客观性；②独特性；③相对稳定性；④继承融合性；⑤发展性。

（评分参考）观点接近可酌情给分。

28. 答：

组织类型的划分标准主要有以下几点：

①组织的规模；②组织的性质；③组织的目标；④组织的特性；⑤组织有意建立还是自发形成；⑥组织的形态。

（评分参考）观点接近酌情给分。

29. 答：

超 Y 理论的基本观点有以下几种：①人的需要是多种多样的，且随着人的发展和生活条件的变化而不断变化；②人在同一时间内有各种需要和动机，它们会发生相互作用并结合为统一的整体；③人在组织中的工作和生活条件是不断变化的，因此，会产生新的需要和动机；④一个人在不同单位或部门工作会产生不同的需要；⑤因为人的需要、能力不同，对不同的管理方式会有不同的反应。

（评分参考）观点接近可酌情给分。

30. 答：

决策的地位与作用如下：①决策是管理的核心，决策贯穿于管理活动的全过程；②管理的各项职能活动与决策密切联系；③决策正确与否直接关系着管理活动的成败、关系着一个组织的生存与发展；④适当举例说明。

（评分参考）观点接近可酌情给分。

五、案例分析题（本大题共 2 小题，每小题 15 分，共 30 分。）

31. 答：

（1）推动组织变革的动因主要包括以下内容：

①外部变革动因：政治经济、科技进步、资源变化、竞争观念的改变等。

②内部变革动因：包括战略的调整、设备引进与技术的变化、员工受教育程度的提高、组织规模和范围扩大等。

促使 H 公司组织变革的动因：从内部因素分析，经营业务的快速拓展，企业规模也在逐渐扩大，非相关性多元化的业务越来越多；从外部因素分析，市场竞争日趋激烈，不得不做出改变了。

（2）组织变革的内容包括：人员变革、结构变革、技术变革、组织文化变革。H 公司组织结构变革的主要内容是：调整公司内部的机构设置与职权关系，重组了最高权力机构，调整了原来以秘书室为核心的决策模式，设立了战略规划办公室，形成了由董事长、战略规划办公室、总裁团三者组成的决策机制。

（评分参考）言之有理，可酌情给分。

32. 答：

（1）激励的方法包括：物质利益激励、目标激励、任务激励、榜样激励、培训激励、荣誉激励、组织激励、制度激励、环境激励、危机激励、信息激励。

A 公司目标激励内容是：设立了第二年销售额翻倍的目标，自上而下为每一位员工设立任务翻倍的目标，并以目标完成情况对员工进行奖励。对超额完成目标的员工，有大额提成，其收入会大幅度提高，而对不能完成目标的员工没有提成。

（2）实施目标激励的基本要求是：目标不能设置得高不可攀，但也不能轻而易举；组织目标和员工需要相结合，员工要参与目标的设置。从 A 公司的目标激励可知，一是公司目标设置太高，不符合企业实际，员工也没能参与目标的设置，由此就失去了激励作用；二是企业内部的配套服务没有跟进，也影响了目标激励的实施。

（评分参考）本题回答言之有理，可酌情给分。

全国高等教育自学考试
管理学原理（中级）模拟试卷（十一）

（课程代码 13683）

第 I 部分 选择题（25分）

一、单项选择题（本大题共15小题，每小题1分，共15分。在每小题列出的四个备选项中只有一个是符合题目要求的，请将其代码填写在题后的括号内。错选、多选或未选均无分。）

1. 王英在工作中需要向公司副总经理汇报工作，同时，还要监督一些基层负责人的工作。王英在该组织中应该是（   ）。

    A. 基层管理者   B. 中层管理者

    C. 高层管理者   D. 普通员工

2. "实行标准化管理和差别计件工资制"是下列哪个管理理论的观点？（   ）

    A. 科学管理理论   B. 一般管理理论

    C. 行政组织理论   D. 决策管理理论

3. 梅奥等人通过霍桑实验得出的结论认为工人是（   ）。

    A. 经济人   B. 社会人

    C. 自我实现人   D. 复杂人

4. 对企业而言，不确定性最高、挑战性最大的环境是（   ）。

    A. 简单和稳定的环境   B. 复杂和稳定的环境

C. 复杂和动态的环境　　　　D. 简单和动态的环境

5. 国家的方针政策、法律和法令属于企业外部环境因素的（　　）。

A. 社会因素　　　　　　　　B. 经济因素

C. 技术因素　　　　　　　　D. 政治因素

6. 员工之间相互启发，集思广益，激发创造思维，以尽可能地形成多种方案的决策方法是（　　）。

A. 德尔菲法　　　　　　　　B. 定量决策法

C. 头脑风暴法　　　　　　　D. 期望值法

7. 企业的高层管理人员所制订的计划更倾向于（　　）。

A. 战略性　　　　　　　　　B. 战术性

C. 业务性　　　　　　　　　D. 短期性

8. 某集团销售部分为华南、华东、西南、西北等部门，这种部门划分的依据是（　　）。

A. 按职能划分　　　　　　　B. 按产品划分

C. 按顾客划分　　　　　　　D. 按地区划分

9. 适用于简单的小型组织，不单独设立职能机构，实行上下垂直领导的组织结构是（　　）。

A. 直线制　　　　　　　　　B. 直线职能制

C. 事业部制　　　　　　　　D. 矩阵制

10. 对新入职员工进行企业的发展历史、行为规范、未来目标、企业文化等的培训，这种培训属于（　　）。

A. 岗前培训　　　　　　　　B. 在职培训

C. 转岗培训　　　　　　　　D. 升职培训

11. 随着计算机网络技术的普遍应用，企业培训部更多地采用了线上培训方式。培训部工作方式的变化是下列哪种组织变革作用的结果？（　　）

A. 结构变革　　　　　　　　B. 人员变革

C. 技术变革　　　　　　　　D. 组织文化变革

12. 企业对外公开招聘一名销售经理，并围绕进取心、自信心等个性特征提出了一系列选拔要求。这种做法符合下列哪种领导理论的观点？（　　）

A. 领导情景理论　　　　　　B. 领导方式理论

C. 领导特质理论　　　　　　D. 人性假设理论

13. 依据领导的四分图理论，能使下属取得高工作绩效、高满意度的领导方式是（   ）。

    A. 高组织—低关心人   B. 低组织—高关心人

    C. 低组织—低关心人   D. 高组织—高关心人

14. 赫兹伯格双因素理论中的双因素是指（   ）。

    A. 人和物的因素   B. 信息和环境因素

    C. 自然和社会因素   D. 保健和激励因素

15. 质量部门经理在生产现场发现一个工人没有按照规范操作，他立即上前制止并给予指导。这种控制方式属于（   ）。

    A. 前馈控制   B. 现场控制

    C. 反馈控制   D. 间接控制

二、多项选择题（本大题共 5 小题，每小题 2 分，共 10 分。在每小题列出的五个备选项中至少有两个是符合题目要求的，请将其代码填写在题后的括号内。错选、多选、少选或未选均无分。）

16. 企业外部环境中，经济因素包括（   ）。

    A. 经济制度   B. 经济结构

    C. 产业布局   D. 法律制度

    E. 资源状况

17. 下列属于定量决策的方法有（   ）。

    A. 确定型决策   B. 风险型决策

    C. 不确定型决策   D. 德尔菲法

    E. 头脑风暴法

18. 按计划的性质分类，可以将计划分为（   ）。

    A. 长期计划   B. 中期计划

    C. 短期计划   D. 战略计划

    E. 战术计划

19. 下列属于直线职能制组织结构优点的有（   ）。

    A. 稳定性较高   B. 有较高的效率

    C. 分工细致、任务明确   D. 保证集中统一地指挥

    E. 可发挥各类专家的专业管理作用

20. 下列属于非语言沟通的有（　　）。

    A. 体态　　　　　　　　　　　B. 语调

    C. 文件　　　　　　　　　　　D. 动作

    E. 表情

第Ⅱ部分　非选择题（75分）

三、辨析题（本大题共5小题，每小题4分，共20分。判断正误，并说明理由。）

21. 古典管理理论是以提高生产效率为主要目标的。　　　　　　　　（　　）

22. 组织文化的内容与强度会影响管理道德行为。　　　　　　　　　（　　）

23. "选择余地大，易于招到一流人才"是内部招聘的优点。　　　　（　　）

24. 外部环境的变化是组织变革的唯一动因。　　　　　　　　　　　（　　）

25. 反馈控制的纠正措施往往是预防式的。 （   ）

四、简答题（本大题共 5 小题，每小题 5 分，共 25 分。）

26. 简述管理道德的特征。

27. 简述职权的概念及其类型。

28. 简述经济人假设的基本观点。

29. 简述正式沟通与非正式沟通的基本含义。

30. 西蒙认为"管理就是决策"，你如何看待这一观点？

五、案例分析题（本大题共 2 小题，每小题 15 分，共 30 分。）

31. 案例：

"马竹笛子"是专业制作纯手工笛子的家族企业，几十年来，他们都延续前辈的制笛经验，恪守并传承着传统的手工工艺。马武作为第六代传人，目前是企业的经理，他从小就跟着长辈制作笛子，秉承了笛子的制作手艺，靠着丰富的经验和精湛的技术，带领着企业不断地向前发展。"马竹笛子"素以产品质量优质著称。企业非常重视产品质量，以制造优质音色产品为宗旨，把满足顾客需求的理念渗透到企业生产管理的各个环节。"马竹笛子"作为一种特殊的产品，选用上乘天然竹材，经过几十道纯手工的工序制作而成，生产着高档笛子，许多笛子成为名家孤品与传世佳品。多年来，马武始终坚持企业的发展方向，集中精力专攻音效，确保产品质量。无论哪种款式的笛子，其外观、品位、感觉都获得了顾客的高度认可，销售收入也逐年提高。

随着社会环境的不断变化。马武纵观全局，密切关注社会消费需求的变化，充分利用企业自身的优势，将新型生产技术与传统工艺相结合，在市场上推出新的笛子品种，也受到了新老顾客的欢迎。

问题：

（1）马武作为企业的经理属于哪个层次的管理者？应承担的主要职责是什么？

（2）你认为马武具备了哪几种管理技能？为什么？

32. 案例：

宏泰公司是我国中部地区的一家企业，多年来，公司的各项计划不够周密，常常跟不上公司实际运营发展的需要，致使许多业务活动不能有序协调地进行。为改变这种状况，公司决定完善计划工作，在管理咨询公司顾问的参与下，公司开始制订新的计划。

首先，公司对内外部环境进行了充分调查研究，在此基础上，确定了未来5年的发展方向和目标，作为指导各项工作的纲领性计划。其次，在总的发展目标指导下，公司对未来各种环境因素进行预测，编制了公司2~3年的发展计划，并依照内部的机构设置，把计划进行分解，确定出各部门的年度和季度工作计划与任务目标。各部门据此又制定出详细的实施方案，并在人、财、物等资源分配方面给予保证。最后，为确保各项计划目标的实现，公司推行了滚动计划法，将整体发展目标与年度计划、季度计划等紧密衔接，从方法上解决了不同阶段计划的衔接问题，确保计划更符合企业实际。

问题：

（1）按期限划分，宏泰公司的计划包含哪几种类型，具体表现是什么？

（2）宏泰公司推行的滚动计划法有何优点？

全国高等教育自学考试
管理学原理（中级）模拟试卷（十一）
参考答案

（课程代码　13683）

一、单项选择题（本大题共 15 小题，每小题 1 分，共 15 分。）

1. B　　　2. A　　　3. B　　　4. C　　　5. D　　　6. C　　　7. A　　　8. D

9. A　　　10. A　　　11. C　　　12. C　　　13. D　　　14. D　　　15. B

二、多项选择题（本大题共 5 小题，每小题 2 分，共 10 分。）

16. ABCE　　　17. ABC　　　18. DE　　　19. ABCDE　　　20. ABDE

三、辨析题（本大题共 5 小题，每小题 4 分，共 20 分。）

21. 判断：正确。

22. 判断：正确。

23. 判断：错误。

理由："选择余地大，易于招到一流人才"不是内部招聘的优点，是外部招聘的一个优点。

24. 判断：错误。

理由：组织变革的动因包括内部因素、外部因素两大方面。

25. 判断：错误。

理由：反馈控制的纠正措施往往是滞后的，前馈控制的纠正措施是预防式的。

四、简答题（本大题共 5 小题，每小题 5 分，共 25 分。）

26. 答：

管理道德的特征有：①普遍性；②特殊性；③非强制性；④变动性；⑤社会教化性。

27. 答：职权是组织设计中赋予某一管理职位的权力，拥有职权的人在职责范围内对相应的事情发布命令并希望命令得到执行。

职权的类型主要有：①直线职权；②参谋职权；③职能职权。

（评分参考）意思接近可酌情给分。

28. 答：

经济人假设的基本观点有：①人是由经济诱因引发工作动机的，是以一种合乎理性的精打细算的方式行事；②人总是被动地在组织的操纵、激励和控制下从事工作；③人总是企图用最小投入取得满意的报酬；④大多数的人缺乏理性，不能克制自己；⑤大多数的人很容易受别人影响，组织必须设法控制个人的感情。

（评分参考）意思接近可酌情给分。

29. 答：（1）正式沟通就是按照组织设计中事先规定好的结构系统和信息系统的路径、方向、媒体等进行的信息沟通。

（2）非正式沟通是指正式组织途径以外的信息沟通方式，主要是通过个人之间的接触，以小道消息传播方式来进行。

（评分参考）意思接近可酌情给分。

30. 答：（1）决策在管理活动中占据着非常重要的地位。

（2）决策是管理的核心内容，决策贯穿于管理活动的全过程。

（3）管理的各项职能活动与决策密切联系。

（4）决策正确与否直接关系着管理活动的成败，关系着一个组织的生存与发展。

（5）结合实际举例阐述。

（评分参考）意思接近可酌情给分。

五、案例分析题（本大题共 2 小题，每小题 15 分，共 30 分。）

31. 答：（1）马武作为企业的经理属于高层管理者。

高层管理者是指对整个组织负有全面责任的管理人员。高层管理者主要负责制定组织的总目标、总战略，掌握大政方针，分配组织资源，对组织的生存和发展具有特别重要的作用。

（2）马武具备了技术技能和概念技能。马武的技术技能体现在：拥有传统笛子的手工制作手艺，有丰富的经验、精湛的技术，熟练掌握几十道纯手工工序，能制作出名家孤品与传世佳品。马武的概念技能体现在：能纵观全局，时刻关注环境的变化，关注消费需求的变化，利用企业自身的优势，把新型生产技术与传统工艺相结合，在市场上推出新的笛子品种。

（评分参考）其他答案，观点正确，言之有理，可酌情给分。

32. 答：（1）按计划的期限，宏泰公司的计划包含长期计划、中期计划和短期计划。

①宏泰的长期计划表现为：在对内外部环境进行了充分调查研究的基础上，确定了未来 5 年的发展方向和目标，作为指导各项工作的纲领性计划。

②宏泰的中期计划表现为：在总的发展目标指导下，通过对未来各种环境因素进行预测，编制了公司 2~3 年的发展计划。

③宏泰的短期计划表现为：依照内部的机构设置，把计划进行分解，确定出各部门的年度和季度工作计划与任务目标。

（2）宏泰公司实施滚动计划的优点是：将整体发展目标与年度计划、季度计划等紧密衔接，从方法上解决了不同阶段计划的衔接问题，确保计划更符合企业实际。

（评分参考）其他答案，观点正确，言之有理，可酌情给分。

全国高等教育自学考试
管理学原理（中级）模拟试卷（十二）

（课程代码　13683）

第Ⅰ部分　选择题（25分）

一、单项选择题（本大题共15小题，每小题1分，共15分。在每小题列出的四个备选项中只有一个是符合题目要求的，请将其代码填写在题后的括号内。错选、多选或未选均无分。）

1. 为了保证组织按预定要求运作而进行的一系列监督检查工作是管理职能的（　　）。

    A. 计划　　　　　　　　　　B. 组织

    C. 领导　　　　　　　　　　D. 控制

2. 某旅行社的吕总以独特的眼光发现了惊险性旅游项目与年轻男性消费者之间的相关性，就此设计了针对性的旅游项目。这体现了吕总的哪项管理技能？（　　）

    A. 技术技能　　　　　　　　B. 人际技能

    C. 概念技能　　　　　　　　D. 操作技能

3. 梅奥等人通过霍桑试验提出了不同于古典管理理论的新观点和新思想，创立了（　　）。

    A. 科学管理理论　　　　　　B. 人际关系理论

    C. 一般管理理论　　　　　　D. 行政组织理论

4. 随着人们健康意识的增强，健身市场逐渐兴起。这是下列哪种环境因素作用的结果？（   ）

    A. 经济因素　　　　　　　　B. 技术因素

    C. 政治因素　　　　　　　　D. 社会因素

5. 企业提供正确的产品信息和售后服务，赋予顾客自主选择的权利。这体现了企业的哪种社会责任？（   ）

    A. 对雇员的责任　　　　　　B. 对环境的责任

    C. 对竞争对手的责任　　　　D. 对顾客的责任

6. 决策要有整体思想，能统筹兼顾、全面安排，从而达到平衡协调发展。这体现了决策的（   ）。

    A. 系统原则　　　　　　　　B. 可行性原则

    C. 对比择优原则　　　　　　D. 反馈原则

7. 以数字或货币表示预期结果的计划是（   ）。

    A. 宗旨　　　　　　　　　　B. 战略

    C. 程序　　　　　　　　　　D. 预算

8. 某公司总部、分部各设有相应的职能机构，造成公司内部机构重叠，管理人员过多。这是下列哪种组织结构的缺点？（   ）

    A. 直线制　　　　　　　　　B. 事业部制

    C. 矩阵制　　　　　　　　　D. 委员会制

9. 通过员工自己、上级、同事、下属、顾客等不同主体来了解其工作业绩，进行360度意见反馈。这是人员配备管理中的（   ）。

    A. 招聘　　　　　　　　　　B. 甄选

    C. 绩效考核　　　　　　　　D. 培训

10. 某企业将几个部门合并在一起，减少了管理层次、拓宽了管理幅度，使组织扁平化。这种变革属于（   ）。

    A. 人员变革　　　　　　　　B. 结构变革

    C. 技术变革　　　　　　　　D. 组织文化变革

11. 管理学上关于领导的本质，下列说法正确的是（   ）。

    A. 领导是有职位的人　　　　B. 领导是有下属的人

    C. 领导是有影响力的人　　　D. 领导是有判断力的人

12. 人们关于衣、食、住、行等最基本的需要属于（　　）。

    A. 生理需要　　　　　　　　B. 安全需要

    C. 社交需要　　　　　　　　D. 尊重需要

13. 依据双因素理论，下列属于激励因素的是（　　）。

    A. 个人发展机会　　　　　　B. 监督方式

    C. 工作条件　　　　　　　　D. 安全

14. 君子应"忍人所不能忍，容人所不能容，处人所不能处"。这体现了沟通的（　　）。

    A. 理解原则　　　　　　　　B. 相容原则

    C. 尊重原则　　　　　　　　D. 平等原则

15. 管理者不能凭个人的主观经验或直觉去判断，而应该采用科学的态度和方法进行控制。这一做法体现了控制的什么原则？（　　）

    A. 及时性　　　　　　　　　B. 客观性

    C. 经济性　　　　　　　　　D. 适度性

二、多项选择题（本大题共 5 小题，每小题 2 分，共 10 分。在每小题列出的五个备选项中至少有两个是符合题目要求的，请将其代码填写在题后的括号内。错选、多选、少选或未选均无分。）

16. 古典管理理论包括（　　）。

    A. 科学管理理论　　　　　　B. 一般管理理论

    C. 行政组织理论　　　　　　D. 行为科学理论

    E. 决策理论

17. 按计划的期限，可以将计划分为（　　）。

    A. 战略计划　　　　　　　　B. 战术计划

    C. 短期计划　　　　　　　　D. 中期计划

    E. 长期计划

18. 组织中职权的类型包括（　　）。

    A. 直线职权　　　　　　　　B. 参谋职权

    C. 职能职权　　　　　　　　D. 集权

    E. 分权

19. 组织中普遍使用的语言沟通方式包括（　　　）。

    A. 口头沟通　　　　　　　　B. 书面沟通

    C. 体态语言　　　　　　　　D. 电子媒介沟通

    E. 空间距离

20. 下列属于前馈控制优点的是（　　　）。

    A. 防患于未然　　　　　　　B. 适用一切工作领域

    C. 及时纠正偏差　　　　　　D. 易被员工接受并实施

    E. 可以"亡羊补牢"

第Ⅱ部分　非选择题（75分）

三、辨析题（本大题共5小题，每小题4分，共20分。判断正误，并说明理由。）

21. 有效的管理就是有效率的管理。　　　　　　　　　　　　（　　　）

22. 组织文化反映一个组织的精神风貌，决定着组织内在凝聚力的大小。

    （　　　）

23. 管理道德是管理行为的规范，它适用于各个领域的管理。　　（　　　）

24. 沟通就是信息传递。 （　　）

25. 全面质量管理的对象就是产品质量。 （　　）

四、简答题（本大题共 5 小题，每小题 5 分，共 25 分。）

26. 简述计划的基本特点。

27. 管理人员招聘应遵循哪些标准？

28. 沟通过程由哪些环节组成？

29. 简述控制与其他管理职能的关系。

30. 激励是管理的重要内容，请结合实际简述激励的作用。

五、案例分析题（本大题共 2 小题，每小题 15 分，共 30 分。）

31. 案例：

Y 饮料公司经过十几年的艰苦创业与发展终于在市场上有了一定的地位。高锐是公司总经理，有着很强的管理能力。公司今天的成绩与几年前高经理的一次正确决策有着密切的关系。几年前，高经理在一次会议上宣布了采购一套二手生产设备的决定，当时有近 70% 的参会者反对，即使在高经理详细介绍了他对企业内部条件、市场情况等近三个月的调查研究结果，认为该设备未来还有一定的使用价值后，仍有半数以上参会者持反对意见。当时一些厂家采购了一批二手设备，由于生产不配套等，使这些设备闲置无用。但高经理就是在这种多数人反对的情况下，考虑到二手设备当时价格很低，尚未被淘汰，且与本公司技术水平、员工技能等生产条件相吻合，仍然决定采购二手设备。事实证明这一决策非常正确，其使 Y 公司摆脱了由于设备落后、资金紧缺所陷入的困境，公司也由此走上了发展的道路。

问题：

（1）影响决策的主要因素有哪些？

（2）决策过程中遵循的原则有哪些？高经理的决策依据了哪些原则？

32. 案例：

关峰是一位电脑销售公司的总经理。他刚接到有关公司经营业绩状况的最新报告：销售额比去年同期下降了 25%，利润下降了 10%，顾客投诉也有所上升，更为糟糕的是，公司内部员工流失现象也逐渐增多，甚至还有几名骨干员工也提交了辞呈。关经理意识到了问题的严重性，觉得需要采取办法加以解决。在一次由各部门主管召开的解决问题的讨论会上，关经理说："我认为，公司的销售额之所以下滑，都是因为公司目前的管理不严，公司现在简直成了俱乐部。每次我从卖场走过时，看到员工们都在各处站着，聊天、玩手机的现象非常普遍，对顾客却视而不见。现在我们迫切需要加强对员工的严密监督和控制，严肃纪律，强化惩罚力度。我认为现在有必要安装监视设备，监督他们工作时间的所作所为，对不能履行职责的员工给予一次警告，如果不改正的直接辞退……"部门主管对关经理的意见有的表示赞同，也有的提出不同意见。

问题：

（1）麦格雷戈提出的人性假设理论是什么？关经理对员工的人性假设属于哪一种？为什么？

（2）你如何看待关经理的建议，请阐述理由。

全国高等教育自学考试
管理学原理（中级）模拟试卷（十二）
参考答案

（课程代码　13683）

一、单项选择题（本大题共 15 小题，每小题 1 分，共 15 分。）

1. D　　2. C　　3. B　　4. D　　5. D　　6. A　　7. D　　8. B

9. C　　10. B　　11. C　　12. A　　13. A　　14. B　　15. B

二、多项选择题（本大题共 5 小题，每小题 2 分，共 10 分。）

16. ABC　　17. CDE　　18. ABC　　19. ABD　　20. ABD

三、辨析题（本大题共 5 小题，每小题 4 分，共 20 分。）

21. 判断：错误。

理由：有效的管理是既有效率，又有效果，是二者的统一。

22. 判断：正确。

23. 判断：正确。

24. 判断：错误。

理由：沟通是为了完成设定的目标，把信息、思想和情感在个人或群体间传递，并达成共同协议的过程。

25. 判断：错误。

理由：全面质量管理的对象是全面的，不仅要管理好产品质量，而且要管理好产品赖以形成的工作质量。

四、简答题（本大题共 5 小题，每小题 5 分，共 25 分。）

26. 答：

计划的基本特点包括：①目的性；②首位性；③普遍性；④适应性；⑤经济性。

（评分参考）观点接近可酌情给分。

27. 答：

管理人员招聘应遵循的标准：①与组织文化相适应；②德才兼备；③决策的能力；④沟通与合作的技能；⑤创新的精神。

（评分参考）观点接近可酌情给分。

28. 答：

沟通过程包括：①信息的发出；②信息的传递；③信息的接收；④信息的反馈；⑤噪声。

（评分参考）观点接近可酌情给分。

29. 答：

控制与其他管理职能的关系是：控制工作存在于管理活动的全过程中，与其他管理职能紧密地结合在一起；它可以维持其他职能的正常活动，也可以通过采取纠正偏差的行动来改变其他管理职能的活动，使管理过程形成一个相对封闭的系统。

具体而言，它们彼此之间的关系是：①计划和控制是一个问题的两个方面；②要进行有效的控制，必须要有组织的保证；③领导影响着控制工作的质量。

（评分参考）观点接近可酌情给分。

30. 答：激励具有十分重要的作用，激励目的是提高员工的工作积极性。

（1）企业通过激励，可以把有才能、组织需要的人吸引过来。

（2）企业通过激励，可以使已在职的职工最充分地发挥其技术才能，保证工作的有效性和效率。

（3）企业通过激励，可以进一步激发他们的创造性和革新精神，大大提高工作效率。

（4）适当举例。

（评分参考）观点接近可酌情给分。

五、案例分析题（本大题共 2 小题，每小题 15 分，共 30 分。）

31. 答：

（1）影响决策的主要因素有：决策环境、组织文化、决策者的个人因素、时间因素和过去的决策。

（2）决策过程中遵循的原则有：信息原则、预测原则、可行性原则、系统原则、对比择优原则、反馈原则。

从案例来看，高经理的决策是合理的，因为高经理是在掌握了充分的信息，对相关情况进行了调查分析与预测基础上作出的决策，该决策与本公司技术水平、员工技能等生产条件相吻合，符合决策过程中的信息、预测、可行性原则。

（评分参考）观点接近，可酌情给分。

32. 答：（1）表格雷戈提出的人性假设理论是 X 理论与 Y 理论。

关经理对员工的人性看法属于 X 理论观点。关经理提出对员工进行严密监督和控制，安装监视设备，监督他们工作时间的所作所为，对不能履行职责的员工给予一次警告，如果不改正的直接辞退。由此可以判定关经理对员工人性的看法属于管理学人性假设理论中的 X 理论观点。

（2）关经理的建议需要具体问题具体分析，没有一种管理方式是适合任何组织的。管理办法必须随时、随地、随人、随境不断变化。如果公司员工更多地表现出 X 人性假设，这种建议与做法是适用的。如果公司员工表现出的更多的是 Y 人性假设，则需要通过授予员工更大的权力、让员工有更多的机会以调动其积极性。

（评分参考）言之有理，可酌情给分。

全国高等教育自学考试
管理学原理（中级）模拟试卷（十三）

（课程代码　13683）

第Ⅰ部分　选择题（25分）

一、单项选择题（本大题共 15 小题，每小题 1 分，共 15 分。在每小题列出的备中只有一项是最符合题目要求的，请将其选出。）

1. 对高层管理者来讲，其管理技能顺序排列的要求是（　　）。
   A. 概念技能、技术技能、人际技能
   B. 技术技能、概念技能、人际技能
   C. 概念技能、人际技能、技术技能
   D. 人际技能、技术技能、概念技能

2. 通过作用发挥能取得"1+1>2"效果的管理原理是（　　）。
   A. 人本原理　　　　　　　　　　B. 系统原理
   C. 创新原理　　　　　　　　　　D. 动态原理

3. 在历史上第一次使管理从经验上升为科学的是（　　）。
   A. 科学管理理论　　　　　　　　B. 管理科学理论
   C. 一般管理理论　　　　　　　　D. 行为科学理论

4. 在现代管理理论学派中，认为在企业管理中，没有什么一成不变、普遍适用的"最好的"管理理论和方法的学派是（　　）。
   A. 管理过程学派　　　　　　　　B. 行为科学学派

  C. 系统管理学派   D. 权变理论学派

5. 通过市场调查发现，保健品市场的兴起是由人们观念的变化引起的，这一因素属于外部环境因素中的（ ）。

  A. 经济因素   B. 社会因素

  C. 技术因素   D. 政治因素

6. 一般而言，非程序化决策的决策者主要是（ ）。

  A. 高层管理者   B. 中层管理者

  C. 基层管理者   D. 技术专家

7. 强调在制订计划时要留有余地，不能满打满算的制订计划工作的原理是（ ）。

  A. 限定因素原理   B. 许诺原理

  C. 改变航道原理   D. 灵活性原理

8. 一家产品单一的跨国公司在世界许多地区拥有客户和分支机构，该公司的组织结构应考虑按哪种因素进行部门划分？（ ）

  A. 职能   B. 地区

  C. 产品   D. 流程

9. 矩阵结构的组织违背了以下哪个原则？（ ）

  A. 统一指挥   B. 精简高效

  C. 责权对等   D. 专业化分工

10. 某企业多年来生产任务完成得都不太好，员工收入也不算很高，但领导与员工的关系很好，员工也没有对领导表示不满。该领导很可能是管理方格中所说的（ ）。

  A. 贫乏型   B. 俱乐部型

  C. 任务型   D. 中间型

11. 激励双因素理论中的双因素指的是（ ）。

  A. 人和物的因素   B. 信息与环境的因素

  C. 保健因素与激励因素   D. 自然因素和社会因素

12. 曹雪芹虽食不果腹，但仍然坚持《红楼梦》的创作，这是出于其（ ）。

  A. 自尊需要   B. 社交需要

  C. 自我实现的需要   D. 以上都不是

13. 人际沟通中会受到各种"噪声干扰"的影响，这里所指的"噪声干扰"可能来自（　　）。

    A. 信息编码过程　　　　　　　B. 信息传递过程

    C. 信息解码过程　　　　　　　D. 沟通的全过程

14. 下列沟通方式中，有利于集权的沟通方式是（　　）。

    A. 链式沟通　　　　　　　　　B. 全通道式沟通

    C. 轮式沟通　　　　　　　　　D. 环式沟通

15. 质量处李处长在生产现场中发现一个工人没有按照作业规范操作，他立即上前去制止。这种控制方式属于（　　）。

    A. 反馈控制　　　　　　　　　B. 现场控制

    C. 预先控制　　　　　　　　　D. 间接控制

二、多项选择题（本大题共 5 小题，每小题 2 分，共 10 分。在每小题列出的备选项中至少有两项是符合题目要求的，请将其选出，错选、多选或少选均无分。）

16. 法约尔提出的管理职能包括（　　）。

    A. 计划　　　　　　　　　　　B. 组织

    C. 指挥　　　　　　　　　　　D. 协调

    E. 控制

17. 定性决策方法包括（　　）。

    A. 头脑风暴法　　　　　　　　B. 名义群体法

    C. 德尔菲法　　　　　　　　　D. 电子会议法

    E. 决策树法

18. 企业的基本战略主要包括（　　）。

    A. 一体化战略　　　　　　　　B. 多元化战略

    C. 总成本领先战略　　　　　　D. 差异化战略

    E. 集中战略

19. 内部招聘的优点有（　　）。

    A. 了解全面，准确性高　　　　B. 可鼓舞士气，激励员工

    C. 有利于迅速开展工作　　　　D. 使组织培训投资得到回报

    E. 招聘费用低

20. 勒温以权力定位为基本变量，把领导者在领导过程中表现出来的极端的工作作风分为（　　）。

A. 独裁式领导　　　　　　　　B. 民主式领导

C. 放任式领导　　　　　　　　D. 工作导向型领导

E. 关系导向型领导

第Ⅱ部分　非选择题（75分）

三、辨析题（本大题共 5 小题，每小题 4 分，共 20 分。判断正误，并说明理由。）

21. 管理是科学性与艺术性的统一。　　　　　　　　　　　　（　　）

22. 管理道德只适于营利性组织的管理问题。　　　　　　　　（　　）

23. 组织文化的核心是基本信念、价值观和道德观等理念层的内容。（　　）

24. 非正式沟通往往以小道消息传播方式进行，易导致信息失真，所以要坚决取缔。　　　　　　　　　　　　　　　　　　　　　　　（　　）

25. 管理者进行控制时要建立标准，标准应该越高越好。　　　　　（　　）

四、简答题（本大题共 5 小题，每小题 5 分，共 25 分。）

26. 简述霍桑实验的基本结论。

27. 简述西蒙决策方案选择的标准和原因。

28. 简述期望理论的主要观点。

29. 简述领导者影响力的来源。

30. 阐述有效控制的重点性原则。

五、案例分析题（本大题共 2 小题，每小题 15 分，共 30 分。）

31. 华强公司是一家电子产品生产企业。随着公司经营业务的快速拓展，公司规模在逐渐扩大，非相关性多元化的业务越来越多，公司渐渐出现了"大企业病"，如运作效率不高、经营业绩重数量轻质量，一些员工思想守旧、安于现状、骄傲自满等问题。上任不久的总经理于健意识到了公司存在的这些问题，同时也深切感受到市场竞争日趋激烈。基于此，于健在进行充分准备后发起了组织变革，推出了一系列变革措施：①转变思想理念，倡导建立危机意识；②变革目标，明确公司的目标是向一流企业发展；③变革组织结构，调整公司内部的机构设置与职权关系；等等。变革涉及公司管理的各个方面，重点是变革组织结构，重组了最高权力机构，调整了原来以秘书室为核心的决策模式，设立了战略规划办公室，形成了由董事长、战略规划办公室、总裁团三者组成的决策机制。华强公司将以崭新的面貌迎接挑战。

问题：

（1）组织变革的动因有哪些？促使华强公司组织变革的动因是什么？

（2）组织变革的内容包括哪些？华强公司组织结构变革的主要内容是什么？

32. 王强是 H 公司的会计部主管，20 年前他刚刚加入公司时，公司会计部只有他一个人，他要承担公司的所有会计工作，现在公司会计部已有 8 名员工。王强对公司忠心耿耿，努力肯干，所有事情都会亲自过问，原本可以交给下属完成的工作，王强总是不放心。下属无权做决定，遇到什么事情只能找王强，王强一忙起来或因开会、出差，工作就被耽搁下来了。近来，一些基层主管对会计部的抱怨越来越多，原因是多方面的，如一些部门要获取最新数据时，常被延误，尽管公司对会计部提出了批评，但这类现象仍有增无减；再如，在工资单和会计记录中出现了大量的错误；等等。会计部的工作似乎在僵局中越陷越深。

公司总裁孙林意识到会计部中许多问题的症结与王强有关。孙林有时会督促王强改变工作方式，多听取下属的意见和调动大家的积极性，但王强仍不以为然，也没有采取任何改进措施。与此同时，会计部的工作越来越糟糕。

问题：

（1）依据勒温的领导风格理论，王强的领导属于哪种风格？有何优缺点？

（2）假如你是王强，你将采取何种措施改变现状？请阐述你这样做的理由。

全国高等教育自学考试
管理学原理（中级）模拟试卷（十三）
参考答案

（课程代码　13683）

一、单项选择题（本大题共 15 小题，每小题 1 分，共 15 分。）

1. C   2. B   3. A   4. D   5. B   6. A   7. D   8. B

9. A   10. B   11. C   12. C   13. D   14. A   15. B

二、多项选择题（本大题共 5 小题，每小题 2 分，共 10 分。）

16. ABCDE   17. ABCD   18. CDE   19. ABCDE   20. ABC

三、辨析题（本大题共 5 小题，每小题 4 分，共 20 分。）

21. 判断：正确。

22. 判断：错误。

理由：管理道德适合于所有组织的管理问题。

23. 判断：正确。

24. 判断：错误。

理由：组织除了正式沟通外，需要并且客观上存在着非正式沟通，它一方面满足了员工的需求，另一方面弥补了正式沟通的不足。

25. 判断：错误。

理由：控制的标准要做到具体化、数字化、客观化、容易测定、便于考核、便于执行，不是越高越好。

四、简答题（本大题共 5 小题，每小题 5 分，共 25 分。）

26. 答：（1）工人是"社会人"，不是"经济人"。

（2）生产率的高低主要取决于工人的态度以及他和周围人的关系。

（3）企业中存在着非正式组织。

（4）对领导能力提出新要求。

27. 答：西蒙决策方案选择的标准是满意标准。这是因为：

（1）信息的有限及利用信息能力的局限。

（2）拟订出数量有限的方案而不是全部可能的方案。

（3）方案在未来实施的过程中，都要受到各种不确定因素的影响和干扰，其实施结果并非完全可以控制。

28. 答：可以用以下公式表示：激励力=效价×期望值。

其中，激励力是指激发力量的高低，即调动一个人积极性，激发其内在潜力的强度。效价是指人们对某一目标的重视程度与评价高低。期望值是指采取某种行为可能导致的绩效和满足需要的概率。

这个公式说明，管理要收到预期的激励效果，要以激励手段的效价和激励对象获得这种满足的期望值都同时足够高为前提。

29. 答：领导者影响力的来源由正式权力和个人权力构成，前者包括法定权、奖赏权、强制权；后者包括专长权与个人影响权。

30. 答：有效控制的重点性原则强调任何组织都不可能对每一个部门、每一个环节的每个人、每一时刻的工作情况进行全面的控制。这是因为并不是所有成员的每一项工作都具有相同的发生偏差的概率，也不是所有可能发生的偏差都会对组织产生相同程度的影响，全面的控制不仅代价极高，而且也是不必要的。为此，重点性原则要求控制要有重点、有主要问题，但又不能只从某个局部利益出发，出现"只见树木不见森林"的情况，从而影响全局。

五、案例分析题（本大题共 2 小题，每小题 15 分，共 30 分。）

31. 答：（1）推动组织变革的动因主要包括：①外部变革动因包括政治经济、科技进步、资源变化、竞争观念的改变等。②内部变革动因包括战略的调整、设备引进与技术的变化、员工受教育程度的提高、组织规模和范围扩大等。

促使华强公司组织变革的动因：从内部讲，经营业务的快速拓展，公司规模也在逐渐扩大，非相关性多元化的业务越来越多；从外部讲，市场竞争日趋激烈。

（2）组织变革的内容包括：人员变革、结构变革、技术变革和组织文化变革。

华强公司组织结构变革的主要内容是：调整公司内部的机构设置与职权关系，重组了最高权力机构，调整了原来以秘书室为核心的决策模式，设立了战略规划办公室，形成了由董事长、战略规划办公室、总裁团三者组成的决策机制。

32. 答：（1）依据勒温的领导风格理论，王强的领导属于独裁式领导。

独裁式领导的特点是：个人独断专行，领导事先安排一切，主要靠行政命令处罚等方式管理，下级只能服从。

会计部的工作陷入僵局的原因主要与王强的领导方式有关，即事必躬亲、不会授权，以及不善于调动员工的积极性。

（2）王强需要改变事必躬亲的工作作风，学会授权；加强与下属的沟通，更多地激励员工；提高自身素质与领导艺术。

提示：可结合现代管理理论，从领导者要具备的特质、领导理论、领导艺术（用人、授权、沟通等艺术）等方面提出措施。

全国高等教育自学考试
管理学原理（中级）模拟试卷（十四）

（课程代码 13683）

第Ⅰ部分 选择题（25分）

一、单项选择题（本大题共15小题，每小题1分，共15分。在每小题列出的备选项中只有一项是最符合题目要求的，请将其选出。）

1. 公司总经理向外界发布有关新产品的信息，其扮演的是（   ）。
    A. 人际角色   B. 信息角色
    C. 决策角色   D. 谈判角色

2. 人际关系理论产生于霍桑实验，参与并领导了该实验的是（   ）。
    A. 泰勒   B. 西蒙
    C. 梅奥   D. 法约尔

3. 数码相机的诞生与普及直接导致了使用胶卷的传统相机的衰落。这反映了行业竞争"五力模型"中的（   ）。
    A. 潜在进入者的威胁   B. 替代品的威胁
    C. 供应商的威胁   D. 购买者的威胁

4. 随着环境的变化，管理道德会不断改变其内容和形式。这体现了管理道德的（   ）。
    A. 普遍性   B. 特殊性
    C. 强制性   D. 变动性

6. 决策要按一定的程序进行，其前提是（　　）。

    A. 确定目标

    B. 拟定可行方案

    C. 方案选优

    D. 方案实施

6. "计算机进入家庭，放在每一张桌子上，使用本公司的软件。"这是企业的（　　）。

    A. 愿景

    B. 程序

    C. 目标

    D. 规则

7. 某服装企业将其销售部门划分为老年市场部、青年市场部、妇幼市场部。这种划分的依据是（　　）。

    A. 流程

    B. 产品

    C. 顾客

    D. 地区

8. 某高科技公司为完成特定项目，从各职能部门临时抽调人员组建团队，形成了纵向、横向双重职权关系的项目组。这种组织结构是（　　）。

    A. 事业部制

    B. 矩阵制

    C. 直线职能制

    D. 委员会制

9. 让员工离开工作岗位，集中时间和精力参加培训活动。这种培训是（　　）。

    A. 岗前培训

    B. 职前培训

    C. 在职培训

    D. 脱产培训

10. 对现有状态的否定是组织变革过程中的（　　）。

    A. 解冻

    B. 变革

    C. 再解冻

    D. 再冻结

11. 马斯洛在需要层次理论中提出了（　　）。

    A. 经济人假设

    B. 社会人假设

    C. 自我实现人假设

    D. 复杂人假设

12. 某部门经理习惯于独断专行，下级没有任何参与决策的机会，一切听从领导安排。这种领导方式属于（　　）。

    A. 放任式领导

    B. 民主式领导

    C. 独裁式领导

    D. 贫乏式领导

13. 销售经理对下属员工说："谁能完成今年的销售任务，谁就能拿到丰厚的奖金。"这种激励属于（　　）。

A. 培训激励   B. 荣誉激励

C. 榜样激励   D. 物质利益激励

14. 某公司就新产品开发进行专项讨论，集思广益，充分交流，最终形成了一致意见。从沟通角度讲，这属于（   ）。

A. 非语言沟通   B. 非正式沟通

C. 单向沟通   D. 双向沟通

15. 企业在年终根据员工的绩效考核而实施相应的奖惩。从控制角度讲，这属于（   ）。

A. 前馈控制   B. 现场控制

C. 同期控制   D. 反馈控制

二、多项选择题（本大题共5小题，每小题2分，共10分。在每小题列出的备选项中至少有两项是符合题目要求的，请将其选出，错选、多选或少选均无分。）

16. 科学管理理论的主要内容包括（   ）。

A. 工作定额原理   B. 标准化原理

C. 管理工作专业化原理   D. 差别计件工资制

E. 管理控制的例外原理

17. 决策的原则有（   ）。

A. 平衡原则   B. 信息原则

C. 预测原则   D. 系统原则

E. 反馈原则

18. 甘特图的特点有（   ）。

A. 简单   B. 醒目

C. 便于编制   D. 复杂

E. 近细远粗

19. 授权的要求有（   ）。

A. 明确职责   B. 根据预期成果授权

C. 授权对象适合   D. 有顺畅的沟通渠道

E. 有适当的控制

20. 沟通网络的形态有（　　）。

    A. 链式沟通　　　　　　　　B. 轮式沟通

    C. Y 式沟通　　　　　　　　D. 环式沟通

    E. 全通道式沟通

第Ⅱ部分　非选择题（75分）

三、辨析题（本大题共5小题，每小题4分，共20分。判断正误，并说明理由。）

21. 管理的目的就是实现组织中每个员工的目标。　　　　　　　（　　）

22. 环境是组织赖以生存的土壤，组织只能适应环境。　　　　　（　　）

23. 组织变革从来就不是一帆风顺的，总会面临动力和阻力两种力量的较量。

                                       （　　）

24. 领导活动的基本要素是领导者、被领导者和环境。　　　　　（　　）

25. 要进行有效的控制，必须要有组织的保证。 （　　）

四、简答题（本大题共 5 小题，每小题 5 分，共 25 分。）

26. 简述培育管理道德的途径。

27. 简述内部提升的优点。

28. 简述组织变革的内容。

29. 简述领导影响力的来源。

30. 简述企业的基本战略类型，并举例说明。

五、案例分析题（本大题共 2 小题，每小题 15 分，共 30 分。）

31. 案例：

王民是一家造纸公司的经理。公司目前面临着一项起诉：造纸生产排出的废水污染了邻近的河流。为此，王民必须到当地法院应诉，李峰是公司的技术工程部经理，他负责自己部门的工作，并负责与生产部门、销售部门的相互联系和协调。

罗丽是公司的办公室主任，主要负责办公室的工作。最近办公室的员工为争抢一张办公桌产生了争执，因为这张办公桌离打印机最远，环境最安静。

问题：

（1）王民、李峰和罗丽是管理者吗？为什么？他们分别属于哪一层次的管理者？

（2）运用管理者角色理论，分析王民、李峰和罗丽各自扮演了什么角色？

32. 案例：

王力是一家服装连锁商店的地区部经理，他告诉商店经理们，每天晚上关门之前，手边所有的现金必须就近存入银行的保险库。他反复强调了这一点，说道："公司不想仅仅因为你们把现金平安无事地在店里过夜而冒一次夜盗之险。"大部分经理认为这个指令合情合理，也不难照办。但有的商店位于郊区，晚上去银行并不安全，或者有的商店离银行太远，他们的经理不总是照王力的指示去办。

不出所料，一家郊区商店被夜盗，5 000多元的现金不见了。王力面对那个经理说："你被解雇了！你知道这个规定，每天晚上要把现金存入银行保险库，你是故意违反它的。"

那个商店经理反驳道："这个规定对我来说太过分了，你应该知道。我们这个地段已经发生过好几次晚上人们去银行存款时被半路打劫的事情了，我想告诉你，可你根本听不进去。再说，我知道商店已为这次损失保了险，无论怎么说，你不能为此解雇我。这一规定又不是书面条文，不得已的话，我把这件事递交公司总裁。"

问题：

（1）如果你是公司总裁，你会怎么做？

（2）如何评价这位地区部经理的指挥能力？

（3）王力相信 X 理论还是 Y 理论？

全国高等教育自学考试
管理学原理（中级）模拟试卷（十四）
参考答案

（课程代码　13683）

一、单项选择题（本大题共 15 小题，每小题 1 分，共 15 分。）

1. B 2. C 3. B 4. D 5. A 6. A 7. C 8. B

9. D 10. A 11. C 12. C 13. D 14. D 15. D

二、多项选择题（本大题共 5 小题，每小题 2 分，共 10 分。）

16. ABCDE 17. BCDE 18. ABC 19. ABCDE 20. ABCDE

三、辨析题（本大题共 5 小题，每小题 4 分，共 20 分。）

21. 判断：错误。

理由：管理的目的是实现组织的目标。

22. 判断：错误

理由：环境是组织赖以生存的土壤，组织可以适应环境，也能影响和改变环境。

23. 判断：正确。

24. 判断：错误

理由：领导活动的基本要素是领导者、被领导者和目标。

25. 判断：正确。

四、简答题（本大题共 5 小题，每小题 5 分，共 25 分。）

26. 答：培育管理道德的途径有：①挑选高道德素质的管理者；②做好管理道德的教育工作；③提炼规范管理道德准则；④管理道德行为列入岗位考核内容；⑤提供正式的保护机制。

27. 答：内部提升的优点有：①了解全面，准确性高；②可鼓舞士气，激励员工，增强员工对组织的忠诚；③有利于迅速开展工作；④使组织培训投资得到回报；⑤招聘费用低。

28. 答：变革的内容有人员变革、结构变革、技术变革和组织文化变革。

29. 答：领导影响力的来源有法定权、奖赏权、强制权、专长权和个人影响权。

30. 答：企业的基本战略类型有：（1）总成本领先战略，即通过降低产品成本。在保证产品和服务质量的前提下，使自己的产品价格低于竞争对手。

（2）差别化战略，是使企业在行业中别具一格，具有独特性，并且利用有意识形成的差别化，建立起差别竞争优势。

（3）集中战略，即主攻某个特殊的细分市场或某种特殊的产品，前提是企业业务的专一化能够以更高的效率，更好的效果为某一狭窄的战略对象服务。

（4）举例说明。

（评分参考）其他合理回答可酌情给分。

五、案例分析题（本大题共 2 小题，每小题 15 分，共 30 分。）

31. 答：（1）王民、李峰和罗丽是管理者。因为王民、李峰和罗丽是在组织中行使管理职能、通过协调他人活动以实现组织目标的人，所以他们是管理者。王民是对公司负有全面责任的管理人员，他属于高层管理者；李峰和罗丽分别管理着公司的不同部门，属于中层管理者。

（2）王民、李峰和罗丽在具体的工作中扮演了不同的角色：王民是以企业的挂名首脑身份到法院为本公司废水污染环境问题进行应诉。李峰主要联络者、传播者的角色负责与生产部门、销售部门的协调。罗丽则主要以混乱驾驭者的角色来解决内部纠纷问题。

32. 答：（1）公司总裁很可能不支持王力，不同意解雇那位商店经理。当然，不管王力的这个规定是否是书面的，那位商店经理的过错是严重的。但是，地区部经理对有些事要减轻处罚应有所估计，并且尽力防患于未然。

（2）公司总裁也许不难找到王力在指挥中的毛病：

①任何规定重要到足以解雇一个人，就必须书面下达通知。②王力应该清楚地告诉商店经理们违反规定的后果会如何。在这件事中，工作保障对这位商店经理的个人需要来说，显然是重要的，那么可能遭到解雇就是一种强烈的动机因素。③如果地区部经理警觉到有街上遭劫的危险，他应该有领导能力为商店经理避免此类事的发生找到有效的办法，比如说，要求警方护送商店经理去银行的保险库。④良好的沟通、出色的鼓动、妥善的领导，是完全有可能预防那家商店的夜盗。对其他一些难以执行这条规定的商店来说，也是一样的。

（3）王力认可 X 理论的信条。如果他用 Y 理论的方法，就会把如何处置现金过夜作为一个尚待解决的问题，求助于商店经理们。他不必威逼相加，相反地，他会坦诚相告，鼓励他们广开思路去采纳这个合情合理的要求，防止商店的现金被盗。

全国高等教育自学考试
管理学原理（中级）模拟试卷（十五）

（课程代码 13683）

第 I 部分 选择题 （25 分）

一、单项选择题（本大题共 15 小题，每小题 1 分，共 15 分。在每小题列出的备选项中只有一项是最符合题目要求的，请将其选出。）

1. 管理的实质是 （ ）。
    A. 计划
    B. 组织
    C. 协调
    D. 控制

2. 保持与维护组织中团结、协作、融洽的关系体现了法约尔管理原则中的（ ）。
    A. 集体精神
    B. 公平
    C. 纪律
    D. 秩序

3. 随着教育程度和文化水平的提高，人们对企业的产品和服务提出更多个性化的要求，这是下列哪个环境因素变化的结果？（ ）
    A. 政治因素
    B. 技术因素
    C. 经济因素
    D. 社会因素

4. 任何企业不应假冒其他企业的商标，不应侵犯其他企业的商业秘密。该要求体现的企业社会责任是 （ ）。
    A. 对雇员的责任
    B. 对顾客的责任

C. 对竞争对手的责任　　　　　D. 对环境的责任

5. 企业为落实发展战略，制定了一年的发展目标，该计划属于（　　）。

　　A. 年度计划　　　　　　　　B. 季度计划

　　C. 中期计划　　　　　　　　D. 长期计划

6. 简单、醒目和便于编制，以图示的方式形象展示特定活动的顺序和持续时间的计划方法是（　　）。

　　A. 目标管理法　　　　　　　B. 滚动计划法

　　C. 甘特图法　　　　　　　　D. 网络计划法

7. 爱丽丝服装公司设立了以下几个部门：中老年服装部、青年服装部、儿童服装部等。这种部门划分的依据是（　　）。

　　A. 职能　　　　　　　　　　B. 产品

　　C. 地区　　　　　　　　　　D. 顾客

8. 王永是企业的总经理，与基层管理者相比，其管理特点是（　　）。

　　A. 管理难度与管理幅度都较小

　　B. 管理难度较小，但管理幅度较大

　　C. 管理难度较大，但管理幅度较小

　　D. 管理难度与管理幅度都较大

9. 企业在对管理人员进行招聘时，要求应聘者的个人价值观和企业价值观相契合。这符合下列哪一条标准？（　　）

　　A. 与组织文化相适应　　　　B. 德才兼备

　　C. 决策的能力　　　　　　　D. 创新的精神

10. 领导方式从专权型到放任型，存在许多过渡形式，持这种观点的理论是（　　）。

　　A. 领导权变理论　　　　　　B. 管理方格理论

　　C. 领导特质理论　　　　　　D. 领导方式连续统一体理论

11. 刘华是公司业务骨干，他的工作能力强，工作积极性高。依据领导生命周期理论，对他应采取的领导方式是（　　）。

　　A. 命令型　　　　　　　　　B. 说服型

　　C. 参与型　　　　　　　　　D. 授权型

12. 依据弗鲁姆的期望理论，奖酬价值的大小属于（　　）。

　　A. 效价　　　　　　　　　　B. 激励力

C. 期望值　　　　　　　　　　　D. 以上三者都是

13. 在沟通过程中，因渠道或媒介选择不当导致的障碍属于（　　　）。

　　A. 发送者方面的障碍　　　　　　B. 信息传递过程方面的障碍

　　C. 接收者方面的障碍　　　　　　D. 反馈过程中的障碍

14. 管理控制的过程按顺序包括（　　　）。

　　A. 衡量绩效、制定标准、纠正偏差

　　B. 制定标准、衡量绩效、纠正偏差

　　C. 制定标准、纠正偏差、衡量绩效

　　D. 衡量绩效、纠正偏差、制定标准

15. 准时生产制是一种先进的生产控制方法，它还适合进行（　　　）。

　　A. 人员控制　　　　　　　　　　B. 时间控制

　　C. 库存控制　　　　　　　　　　D. 审计控制

二、多项选择题（本大题共 5 小题，每小题 2 分，共 10 分。在每小题列出的备选项中至少有两项是符合题目要求的，请将其选出，错选、多选或少选均无分。）

16. 管理道德的特征包括（　　　）。

　　A. 普遍性　　　　　　　　　　　B. 特殊性

　　C. 强制性　　　　　　　　　　　D. 变动性

　　E. 社会教化性

17. 头脑风暴法强调的基本原则包括（　　　）。

　　A. 勿评优劣　　　　　　　　　　B. 畅所欲言

　　C. 大胆创新　　　　　　　　　　D. 背对背讨论

　　E. 集思广益

18. 下列属于目标管理的特点有（　　　）。

　　A. 员工参与管理　　　　　　　　B. 以自我管理为中心

　　C. 强调自我评价　　　　　　　　D. 重视成果

　　E. 目标由上级制定

19. 领导者影响力来源中，属于正式权力的有（　　　）。

　　A. 法定权　　　　　　　　　　　B. 奖赏权

　　C. 强制权　　　　　　　　　　　D. 专长权

E. 个人影响权

20. 下列属于书面沟通的有（   ）。

A. 文件   B. 报告

C. 讲座   D. 合同

E. 辩论会

第Ⅱ部分　非选择题（75分）

三、辨析题（本大题共5小题，每小题4分，共20分。判断正误，并说明理由。）

21. 泰勒科学管理理论提出的"第一流工人"就是指超人。　　　　（　　）

22. 决策是管理职能之一，几乎渗透到所有主要的管理职能中。　　（　　）

23. 组织结构的扁平化削弱了组织快速反应的能力。　　　　　　　（　　）

24. 人员配备是以人为中心的管理。　　　　　　　　　　　　　　（　　）

25. 双向沟通比单向沟通需要的时间长，因此，双向沟通没有单向沟通效果好。

（　　）

四、简答题（本大题共 5 小题，每小题 5 分，共 25 分。）

26. 简述亚当·斯密对管理的主要贡献。

27. 简述计划的内容。

28. 引起组织变革的外部动因有哪些?

29. 简述控制的目的。

30. 举例简述管理的必要性。

五、案例分析题（本大题共 2 小题，每小题 15 分，共 30 分。）

31. 案例：

环宇公司是一家生产家电的企业，有 20 多名员工。由于业务单一，业务量小，公司内部机构非常简单，没有设立职能科室，仅设有两个生产车间，车间主任主要负责生产作业管理。经理则全权负责公司的各项事务，内部管理效率较高。

经过几年的发展，到 2020 年，环宇公司经营规模逐渐扩大，公司按专业化分工原则设立了采购部、财务部、销售部、人力资源部等相应的职能部门，公司的管理效率有了明显提高。

2020 年之后，公司生产的产品类别越来越多，经营业务进一步发展，经营规模也越来越大。现有的管理模式已难以适应新的变化，于是公司进行了组织变革，依据产品类别划分了不同分部，公司采取集中决策、分散经营的管理体制，赋予各分部经营自主权，实行独立核算，自负盈亏。

问题：

（1）2020年之前，公司的组织结构有哪些类型？各自的含义是什么？

（2）2020年之后，公司采用的组织结构类型是什么？有何优缺点？

32. 案例：

甲公司是一家从事电脑经销的企业，由于经营业绩好，每年中秋节，公司会额外给员工发放一笔2 000元的奖金，这在一定程度上激发了员工的工作积极性，公司的工作氛围也很融洽。渐渐地，中秋节发放奖金成了公司的一种惯例。

最近，公司经理感到这笔奖金正在失去它应有的作用，他发现员工认为这笔奖金是理所应当的，每个人都像领取自己的薪水一样自然，在工作中，也没有人会为这2 000元付出更多的努力，经理认为既然奖金起不到激励作用就不再发放，停发奖金的结果却大大出乎意料，公司几乎所有人都在抱怨经理的决定，工作效率也受到不同程度的影响。

经理很困惑，为什么有奖金的时候，没有人会为此在工作上表现得更积极主动，而取消奖金之后，大家有如此之多的抱怨。

问题：

（1）结合案例分析激励的作用是什么？

（2）请用激励的双因素理论分析案例中的现象。

全国高等教育自学考试
管理学原理（中级）模拟试卷（十五）
参考答案

（课程代码　13683）

一、单项选择题（本大题共 15 小题，每小题 1 分，共 15 分。）

1. C　　　2. A　　　3. D　　　4. C　　　5. A　　　6. C　　　7. D　　　8. C

9. A　　　10. D　　　11. D　　　12. A　　　13. B　　　14. B　　　15. B

二、多项选择题（本大题共 5 小题，每小题 2 分，共 10 分。）

16. ABDE　　　17. ABCE　　　18. ABCD　　　19. ABC　　　20. ABD

三、辨析题（本大题共 5 小题，每小题 4 分，共 20 分。）

21. 判断：错误。

理由：泰勒科学管理理论提出的"第一流工人"是指适合于所手工作而又有进取心的人。

22. 判断：正确。

23. 判断：错误。

理由：组织结构的扁平化增强了组织快速反应的能力。

24. 判断：正确。

25. 判断：错误。

理由：双向沟通与单向沟通适合情况不同。

（评分参考）意思接近可酌情给分。

四、简答题（本大题共 5 小题，每小题 5 分，共 25 分。）

26. 答：亚当·斯密对管理的主要贡献包括：①"分工协作原理"和"生产合理化"思想；②"经济人"的观战。

（评分参考）意思接近可酌情给分。

27. 答：计划的内容包括如下：

（1）What to do——做什么；（目标与内容）

（2）Why to do it——为什么做；（原因）

（3）When to do it——何时做；（时间）

（4）Where to do it——何地做；（地点）

（5）Who to do it——谁去做；（人员）

（6）How to do it——怎么做。（方式、方法、手段）

（评分参考）意思接近可酌情给分。

28. 答：引起组织变革的外部动因包括：宏观社会经济环境的变化、科技进步的影响、环境资源的影响、竞争观念的改变和全球化的影响。

（评分参考）意思接近可酌情给分。

29. 答：控制要达到的目的表现在两个层次：

（1）"维持现状"：发现有超过计划容许范围的偏差时，及时采取必要的纠正措施，以使系统的活动趋于相对稳定。

（2）"打破现状"：当组织所处的内外环境发生变化，对组织提出新要求时，需要管理者改革创新，开拓新的局面。

（评分参考）意思接近可酌情给分。

30. 答：管理的必要性具体表现为：

（1）从整体社会的发展来看，管理是社会进步与发展的物质力量；

（2）管理是任何组织生存发展的重要条件；

（3）管理活动具有普遍性。

（评分参考）意思接近可酌情给分。

五、案例分析题（本大题共 2 小题，每小题 15 分，共 30 分。）

31. 答：（1）2020 年之前，公司先后采取了直线制和直线职能制组织结构。直线制组织结构是指高层领导通过一个或少数的中间层次直接指挥下属，不单独设职能机构，实行上下垂直领导的一种组织结构。（直线职能制组织结构是以直线领导为主，同时辅之以职能部门的参谋作用的一种组织结构。

（2）2020 年之后，公司采用的组织结构类型是事业部制组织结构。其优点是：专业化管理和集中统一领导有机结合，有利于最高领导层摆脱日常事务，集中精力考虑战略性决策；每个事业部具有独立的利益，有利于调动其积极性。其缺点是：容易产生本位主义，机构相对重叠，管理人员过多，总公司对各事业部协调任务较重。

（评分参考）意思接近，可的情给分。

32. 答：（1）激励具有十分重要的作用。一方面，企业通过激励可以吸引人才；另一方面，激励可以使在职职工充分发挥其技术和才能，保证工作的有效性和效率。

案例中，每年中秋节的奖金发放，在一定程度上激发了员工的工作积极性，公司的工作氛围也很融洽。

（2）激励的双因素理论认为影响员工积极性的因素包括激励因素与保健因素"保健因素"的满足可以预防人们的不满而不具有激励作用"激励因素能带来积极态度、提高满意度，能对人们产生更大的激励作用。案例中 2 000 元奖金在刚开始发放时，是激励因素。由于公司多年来发放的形式与额度一成不变，慢慢形成了一种习惯，这种做法使 2 000 元奖金变成了保健因素。员工会认为这笔奖金是理所应当的，已经起不到激励作用。一旦停发，员工会因为收入减少而产生不满，这就是停发后引发员工抱怨的主要原因。

（评分参考）意思接近，可酌情给分。

全国高等教育自学考试
管理学原理（中级）模拟试卷（十六）

（课程代码 13683）

第Ⅰ部分 选择题（25 分）

一、单项选择题（本大题共 15 小题，每小题 1 分，共 15 分。在每小题列出的备选项中只有一项是最符合题目要求的，请将其选出。）

1. 从管理者层次分类来看，董事长、总经理、首席执行官往往是企业的（ ）。

    A. 高层管理者   B. 中层管理者

    C. 基层管理者   D. 操作者

2. 提出管理与经营是不同概念的代表人物是（ ）。

    A. 西蒙   B. 泰勒

    C. 法约尔   D. 韦伯

3. 企业强调真诚守信，开拓进取，求实创新的经营作风。这属于企业文化中的（ ）。

    A. 企业使命   B. 企业制度

    C. 行为规范   D. 企业精神

4. 某造纸企业为了环保设备的升级改造，与高等学校、科研院所联手建立了污水治理体系，污水排放达到了国家一级标准。这种做法体现了企业的哪种社会责任？（ ）

A. 对雇员的责任　　　　　　　　B. 对顾客的责任

C. 对竞争对手的责任　　　　　　D. 对环境的责任

5. 企业的技术革新、技术改造、产品的更新换代等方面的决策属于（　　　）。

A. 战略决策　　　　　　　　　　B. 业务决策

C. 战术决策　　　　　　　　　　D. 程序化决策

6. 盈亏平衡分析法是一种（　　　）。

A. 定性决策方法　　　　　　　　B. 定量决策方法

C. 风险型决策方法　　　　　　　D. 折中决策方法

7. 为实施既定方针而制定的综合性计划属于计划形式分类中的（　　　）。

A. 目标　　　　　　　　　　　　B. 政策

C. 规则　　　　　　　　　　　　D. 规划

8. 组织设计过程中，要依据组织活动的特点和员工的特点把员工安排在适当的岗位上。这体现了（　　　）。

A. 精简高效原则　　　　　　　　B. 统一指挥原则

C. 责权对等原则　　　　　　　　D. 专业化分工原则

9. 证券公司根据所服务客户资金的多少分别设立大户室、中户室和散户厅，这种部门划分的依据是（　　　）。

A. 顾客　　　　　　　　　　　　B. 产品

C. 地区　　　　　　　　　　　　D. 流程

10. 组织要用发展的眼光看待人与事的配合关系，不断根据变化的情况进行调整。这体现了人员配备的（　　　）。

A. 因才适用原则　　　　　　　　B. 动态平衡原则

C. 因事择人原则　　　　　　　　D. 因人择事原则

11. 兰海公司由原来的 6 个管理层次改为现在的 3 个管理层次，管理人员也大幅减少。这种组织变革属于（　　　）。

A. 人员变革　　　　　　　　　　B. 技术变革

C. 结构变革　　　　　　　　　　D. 文化变革

12. 影响员工积极性的因素，除了物质因素之外，还有心理因素，如员工士气、人际关系等。这种人性假设属于（　　　）。

A. 经济人假设　　　　　　　　　B. 社会人假设

C. 自我实现人假设　　　　　　　D. 复杂人假设

13. 当一件事情发生以后，人们总愿意将这件事情的成功或失败归结为某种原因，进而影响其工作的态度、行为、积极性和工作绩效。这种激励理论属于（   ）。

    A. 强化理论   B. 期望理论

    C. 归因理论   D. 公平理论

14. 企业之间的信函来往、上下级之间的定期情报交换属于沟通分类中的（   ）。

    A. 正式沟通   B. 口头沟通

    C. 非正式沟通   D. 下行沟通

15. 在企业管理中，经济批量法常常用于（   ）。

    A. 人员控制   B. 库存控制

    C. 时间控制   D. 质量控制

二、多项选择题（本大题共 5 小题，每小题 2 分，共 10 分。在每小题列出的备选项中至少有两项是符合题目要求的，请将其选出，错选、多选或少选均无分。）

16. 一般来说，高层管理者做出的决策大多属于（   ）。

    A. 战略决策   B. 战术决策

    C. 业务决策   D. 程序化决策

    E. 非程序化决策

17. 下列属于扁平化组织结构优点的是（   ）。

    A. 缩短上下级距离，密切上下级关系

    B. 信息纵向传递快

    C. 管理费用低

    D. 组织的稳定性高

    E. 组织的稳定性低

18. 卢因提出的组织变革过程包括（   ）。

    A. 调查   B. 解冻

    C. 变革   D. 再冻结

    E. 反馈

19. 费德勒领导权变理论中提出的影响领导有效性的因素包括（　　　）。

　　A. 上下级关系　　　　　　　　B. 工作结构

　　C. 下属成熟度　　　　　　　　D. 职位权力

　　E. 任务难度

20. 沟通的要素包括（　　　）。

　　A. 信源　　　　　　　　　　　B. 信宿

　　C. 信道　　　　　　　　　　　D. 信息的内容

　　E. 噪声

第Ⅱ部分　非选择题（75分）

三、辨析题（本大题共5小题，每小题4分，共20分。判断正误，并说明理由。）

21. 霍桑实验得出了复杂人的观点。　　　　　　　　　　　　　（　　　）

22. 社会经济观认为企业的社会责任包括要对股东在内的所有利益相关者负责。

　　　　　　　　　　　　　　　　　　　　　　　　　　　　（　　　）

23. 所谓集权就是把所有权力高度集中在高层管理者手中。　　　（　　　）

24. 勒温认为放任式领导是最有效的。 （　　）

25. 物质需要是人类基本的需要，因此，物质激励就是唯一有效的激励方法。

（　　）

四、简答题（本大题共 5 小题，每小题 5 分，共 25 分。）

26. 简述管理的科学性与艺术性。

27. 绩效考核的方法有哪些?

28. 管理方格理论提出的领导行为方式包括哪些？

29. 简述控制的原则。

30. 简述组织文化的功能。

五、案例分析题（本大题共 2 小题，每小题 15 分，共 30 分。）

31. 案例：

H 公司是一家生产矿山机械的中型企业，几年来，由于市场变化大，企业的生产经营活动常常因实际情况与计划指标差别较大而受到影响。公司领导认为，市场难以预测，编制计划作用不大，不如以销定产，市场需要什么，企业就生产什么。为此，从 2015 年开始，公司的年度计划编制就相当粗略，只是根据订货合同编制生产计划。在生产经营活动中，公司一方面加强广告宣传活动，积极参加各种订货会和展销会等，通过各种机会获取订单；另一方面加强生产调度工作，以应对各种临时出现的意外情况。

不久，这种计划方式暴露出许多问题，一是公司对市场缺乏分析，当竞争对手推出一种能适应市场需求的新型产品时，公司的市场地位受到了严重挑战；二是由于公司不重视计划工作，对长远发展方向和目标没有明确规划，使得公司内部几年来不能有计划地进行技术改造工作，导致产品的生产工艺落后，设备老化，缺乏发展后劲。在一次大型矿山机械设备招标会上，由于产品性能低，制造成本高，公司最终败给了竞争对手。这引起公司领导的反思：公司究竟如何适应市场，开展计划管理工作？

问题：

（1）计划的作用是什么？为什么 H 公司的计划没有发挥出应有的作用？

（2）企业长远发展方向和目标属于什么计划？其含义是什么？结合案例分析其重要性？

32. 案例：

Z 公司是一家大型连锁企业，在行业有着重要的地位。公司在内部沟通方面有着一套独特的方法，一是公司内部实行"门户开放"政策，即在任何时间、地点，任何员工都能以口头或书面形式与管理人员乃至总裁进行沟通，提出自己的建议和关心的事情。"门户开放"政策使员工有机会表达他们的意见，对于可行的建议，公司会积极采纳并实施。二是员工之间的沟通方式不拘一格，从一般面谈到公司股东会议都有。每一件有关公司的事情都可以公开，每个连锁分店都会公布自己的利润、进货、销售和降价情况，所有员工都能了解公司的各项业务指标。公司领导认为，员工了解其业务的进展情况是让他们最大限度地做好其本职工作的重要途径，它能使员工产生责任感和参与感，感觉到公司的尊重和信任，由此产生极大的积极作用。

问题：

（1）从管理角度讲什么是沟通？Z公司采用了哪些沟通方式？

（2）沟通的必要性有哪些？试对Z公司沟通的作用进行分析。

全国高等教育自学考试
管理学原理（中级）模拟试卷（十六）
参考答案

（课程代码 13683）

一、单项选择题（本大题共 15 小题，每小题 1 分，共 15 分。）

1. A   2. C   3. D   4. D   5. A   6. B   7. D   8. D

9. A   10. B   11. C   12. B   13. C   14. A   15. B

二、多项选择题（本大题共 5 小题，每小题 2 分，共 10 分。）

16. AE   17. ABC   18. BCD   19. ABD   20. ABCD

三、辨析题（本大题共 5 小题，每小题 4 分，共 20 分。）

21. 判断：错误。

理由：霍桑实验得出了社会人的观点。

22. 判断：正确。

23. 判断：错误。

理由：集权指决策权在很大程度上向处于较高管理层次的职位集中的组织状态和组织过程。

24. 判断：错误。

理由：勒温认为，民主式领导更有效。

25. 判断：错误。

理由：激励方法包括很多，如物质激励、目标激励、任务激励、榜样激励、培训激励、荣誉激励等。

（评分参考）观点接近可酌情给分。

四、简答题（本大题共 5 小题，每小题 5 分，共 25 分。）

26. 答：管理的科学性是指管理过程中有自己的规律、原理、原则。管理的艺术性是指管理过程中灵活地、随机变通地处理各种问题的艺术。管理是科学性与艺术性的有机统一。

（评分参考）观点接近可酌情给分。

27. 答：绩效考核的方法有：①个人自我评价法；②小组评议法；③工作标准法；④业绩表评估法；⑤排列评估法。

28. 答：管理方格理论提出的领导行为方式包括：

（1）1.1 型，贫乏型领导方式：领导者既不关心生产，也不关心员工，对组织运行放任自流；

（2）9.1 型，任务型领导方式：领导集中注意工作效率的要求，缺少对人的关心；

（3）1.9 型，俱乐部型领导方式：领导集中注意对职工的支持与体谅，很少关心规章制度、指挥监督和任务效率等；

（4）5.5 型，中间型领导方式：领导对生产的关心和对人的关心程度持平；

（5）9.9 型，团队型领导方式：这种领导方式对生产、对员工都极为重视，既关注生产进度的完成情况，也关注职工的身心健康、心理需求的满足。

（评分参考）观点接近可酌情给分。

29. 答：

控制的原则有：及时性原则、适度性原则、重点原则、经济性原则、客观性原则、弹性原则。

（评分参考）观点接近可酌情给分。

30. 答：

组织文化的功能包括：导向功能、凝聚功能、激励功能、调适功能和辐射功能。

（评分参考）考生需要根据要点举例展开阐述，观点接近可酌情给分。

五、案例分析题（本大题共 2 小题，每小题 15 分，共 30 分。）

31. 答：

（1）计划是管理的重要职能，其作用是：①有利于明确工作目标，提高工作效率；②有利于增强管理的预见性，规避风险；③有利于减少浪费，取得最佳经济效益；④有利于控制工作的开展。H 公司的计划没有发挥出应有作用的主要原因是计划缺乏科学性：一是对外界环境的变化不能及时把握和准确预测致使计划与实际差距太大而失去意义；二是对计划作用的认识不正确，计划编制粗略而使计划失去意义。

（2）企业长远发展方向和目标属于企业的战略计划。其含义是：战略计划是为实现组织的长远目标而采取的总计划，是组织选择发展方向、确定行动方针以及资源分配的纲领性文件。由于 H 公司不重视计划工作，从而导致出现一系列问题。由此可见，企业战略计划十分重要，主要表现为：有利于统一思想，统一步调，能够大大提高组织各项工作的目的性、预见性、整体性、有序性和有效性，增强组织的竞争能力和应变能力。制定有效的战略计划是维系组织生存与发展的关键。

（评分参考）观点接近，可酌情给分。

32. 答：（1）从管理角度讲，沟通是为了完成设定的目标，把信息、思想和情感在个人或群体间传递，并达成共同协议的过程。Z 公司的沟通方式包括：门户开放（口头沟通或书面沟通），面谈，股东会议。

（2）沟通的必要性表现为：①如果上下级之间缺乏沟通，上级的指令、决策、计划无法传递给下级，下级的信息也无法反馈给上级。②组织内部部门之间如果缺乏沟通，就不可能做到行动的协调一致，难以进行有效的配合。③个人间如果缺乏沟通，就缺少相互之间的了解和合作。④在组织外部，如果缺少了组织与客户之间、组织与组织之间的沟通，就不可能了解顾客的需求和市场的变化，在激烈的市场竞争中就会难以立足，甚至会被市场淘汰。可见，沟通是组织得以生存、运行和发展的必要条件之一。

西南财经大学出版社
郑重声明